마리 앙투아네트의 역사 교실

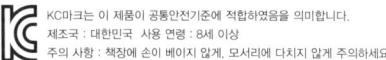

마리 앙투아네트의 역사 교실– 역사의 주인공은 과연 누구일까?

초판 1쇄 발행일 2017년 12월 15일
초판 9쇄 발행일 2023년 2월 24일
기획·글 신연호 그림 소복이
발행인 윤호권 발행처 (주)시공사 주소 서울시 성동구 상원1길 22
대표전화 02-3486-6877 팩스(주문) 02-585-1247
홈페이지 www.sigongsa.com / www.sigongjunior.com

ⓒ 신연호·소복이, 2017

이 책의 출판권은 (주)시공사에 있습니다.
저작권법에 의해 보호를 받는 저작물이므로, 무단 전재와 무단 복제를 금합니다.

ISBN 978-89-527-8614-2 74100
ISBN 978-89-527-8247-2 (세트)

*시공사는 시공간을 넘는 무한한 콘텐츠 세상을 만듭니다.
*시공사는 더 나은 내일을 함께 만들 여러분의 소중한 의견을 기다립니다.
*잘못 만들어진 책은 구입하신 곳에서 바꾸어 드립니다.

*사진 자료 제공
110쪽 트로이 성벽(CherryX, CC-BY-SA 3.0), 112쪽 아그리파상(Shawn Lipowski, CC-BY-SA 3.0) 위키미디어 공용

KC마크는 이 제품이 공통안전기준에 적합하였음을 의미합니다.
제조국 : 대한민국 사용 연령 : 8세 이상
주의 사항 : 책장에 손이 베이지 않게, 모서리에 다치지 않게 주의하세요.

《수상한 인문학 교실》

마리 앙투아네트의 역사 교실

역사의 주인공은 과연 누구일까?

신연호 글 | 소복이 그림

작가의 말

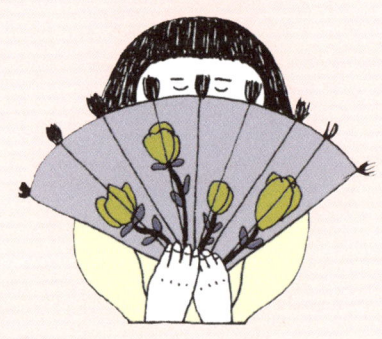

저는 인터넷 댓글 읽기를 좋아해요. 재치 있고 재미있는 댓글이 얼마나 많은지 몰라요. 사람들이 비밀 댓글 학원이라도 다니는 것 같아요.

그날도 인터넷 신문 기사에 달린 댓글을 읽고 있었어요. 물론 어느 날이었는지는 잘 기억나지 않아요. 어떤 기사였는지도 정확히 떠올릴 수 없고요. 다만 그 기사에 달렸던 댓글의 분위기만은 또렷이 기억해요.

"☆☆ 님과 같은 분 때문에 우리나라는 살 만한 곳이에요."

어떤 기사에 달린 댓글은 이랬어요. 그 댓글 밑에는 또 이런 댓글이 달렸죠.

"칭찬하는 ♡♡ 님도 아름다워요. 모두 자랑스러운 한국인이에요."

그 밑으로도 칭찬 댓글이 주르르 달렸어요. 그 댓글들을 읽고 있는 저도 입꼬리가 쓱 올라가 있는 걸 느꼈어요. 전 기분이 좋아진 채로 생각했어요.

'그래, 우리가 아무 힘이 없는 게 아니야. 평범한 사람들이 서로를 칭찬하면서 세상을 아름답게 바꾸어 나가고 있잖아.'

역사도 마찬가지인 것 같아요. 역사는 평범한 사람들이 힘을 합쳐 만들어 왔어요. 만리장성이나 피라미드 같은 역사적인 건축물도 만들었고, 중요한 전쟁에서는 목숨 걸고 싸웠어요. 그런데 역사책에는 왕이나 장군 같은 사람들의 이름만 쓰여 있지요.

저는 이 책에 평범한 사람의 위대한 역할을 담고 싶었어요. 프랑스 혁명의 출발선이 된 바스티유 함락, 그 역사적인 사건을 통해서 말이에요. 동화라는 형식을 빌리다 보니까 지어낸 인물도 있지만 이 책 속에는 실제로 그 시대를 살아 낸 사람들이 너 많아요. 책을 읽으면서 누가 실제 인물이었는지 가려내 보면 좋겠어요. 그 사람들이 역사를 어떻게 발전시켰는지 알 수 있을 거예요.

자, 그럼 화려한 파티가 열리던 아름다운 베르사유 궁전으로, 사람들이 북적이던 파리의 도심 속으로 시간 여행을 해 볼까요.

신연호

차례

작가의 말 · 4

등장인물 · 8

1. 에데 무아 · 11

2. 왕비의 사치 탐구 · 25

3. 7월의 파리 · 41

4. 바스티유! 바스티유! · 57

5. 혁명입니다, 폐하 · 69

6. 어디선가 장미 향기 · 85

교실지기의 특별 수업

세계사 속의 역사 · 104

책 속 인물, 책 속 사건 · 115

생각이 자라는 인문학 · 125

이 책에 등장하는 수상한 인물들을 소개합니다!

마리 앙투아네트
프랑스 왕 루이 16세의 비이다. 드레스와 구두, 파티, 초콜릿, 마카롱을 좋아한다. 국민의 미움을 한 몸에 받았던 마리 앙투아네트는 정말 나쁜 왕비였을까?

장미
삼촌 때문에 억지로 역사 공부를 한다. 삼촌을 피해 들어간 카페에서 수상한 부채를 얻어 프랑스의 베르사유 궁전으로 가는데……. 화려한 파티와 아름다운 드레스를 상상한 장미의 눈앞에 어떤 현실이 펼쳐졌을까?

1. 어디 무아

"장미 조카, 이것 한번 볼래?"

삼촌이 종이 한 장을 내밀었다.

"삼촌이 만든 계획표야. 재미있고 유익한 역사 공부를 위해서."

'에잇, 어쩐지. 과자를 봉지째 줄 때 알아차려야 했어.'

다른 때는 과자 때문에 밥을 안 먹는다며 눈치를 주던 삼촌이었다. 장미는 마지막 과자를 와자작 깨물며 말했다.

"나 역사 교실 다니고 있잖아. 삼촌 때문에 싫은 것도 참고 억지로 다니는 거 몰라?"

"알지. 역사 교실이 다음 주에 끝나는 것도 알고."

삼촌은 역사학 박사가 되려고 서른 살이 넘어서까지 학교에 다닌다. 장미까지 박사를 만들 생각인지 3학년은 배우지도 않는 역사를 벌써부터 공부시키려고 안달이다. 장미는 역사가 개미 코딱지만큼도 재미없다. 영어나 국어나 수학은 사는 데 필요하지만 역사는 어디에 쓰려고 배우는지 모를 정도이다.

"삼촌이 고민하면서 짠 거니까 읽어나 봐."

공부할 내용	공부 방법		준비물
	나	장미	
	가르친다.	배운다.	빵
세상을 바꾼 시민들	열심히 가르친다.	열심히 배운다.	과자
불가능에 도전한 사람들	재미있게 가르친다.	재미있게 배운다.	음료수
새로운 것을 만든 백성들	신나게 가르친다.	신나게 배운다.	아이스크림
역사 속의 숨은 주인공들			

서시

삼촌의 정성을 생각해서 들여다보았지만 관심은 없었다.

"이게 뭐야? 공주나 여왕 얘기도 아니고 중요하지도 않은 시민, 백성, 이런 걸 뭐 하러 공부하래?"

"중요하지 않다고?"

"그래. 역사에서는 나라를 세운 왕이나 전쟁에서 이긴 장군이 중요하잖아. 그래서 책에도 왕이나 장군 이야기가 많이 나오는 거 아니야?"

"저기, 장미야."

삼촌이 '장미야.'라고 불렀다. 사람들은 삼촌과 장미를 아빠와 딸로 자주 오해한다. 삼촌은 결혼도 안 했는데 아빠 소리를 듣는 게 기분 나쁘다며 장미를 부를 때면 '조카' 소리를 빼지 않았다. 그런 삼촌이 이름만 불렀다는 것은 심각한 이야기를 하겠다는 뜻이다. 길고 지루한 삼촌의 말씀이 시작될 것이다. 장미는 도망치기로 마음먹고 옆에 있던 가방을 끌어당겼다.

"역사 교실 갈 시간이야."

역사 교실은 청개구리 도서관에서 열린다. 큰길에 있는 상가를 지나 빵 가게 옆 골목으로 들어가서 십 분쯤 걸으면 도서관이 나온다.

장미가 막 빵 가게 앞을 지날 때 삼촌의 목소리가 따라왔다.
"장미야, 가방 바뀌었어!"
아무 가방이나 집어 들고 나온 것을 삼촌이 알아 버렸다. 장미의 심술이 벌떡 일어났다.
'달아나! 재미없는 역사 공부에서 벗어나고 싶으면 달아나라고.'
장미는 심술의 속삭임을 따르기로 했다. 삼촌의 목소리를 못 들은 척하며 빵 가게 옆 골목으로 들어갔다. 모퉁이를 돌자마자 재빨리 뛰며 양쪽 건물을 살폈다. 아무 곳에나 들어가 삼촌을 따돌릴 생각이었다.
"은장미!"
숨을 곳을 찾기도 전에 삼촌의 목소리가 따라왔다. 장미는 눈앞의 카페로 재빨리 뛰어 들어갔다. 구석진 자리에 앉고서야 창문으로 눈을 돌렸다. 유리창 안쪽에 '수상한 인문학 교실'이라는 글씨가 붙어 있었다. 다른 가게는 이름을 유리 바깥쪽에 붙이던데 실수로 안에 붙인 모양이었다. 젊은 아저씨가 주스를 가져다주며 차림표를 내밀었다.

"골라 보시죠, 손님."

이름처럼 수상한 곳이다. 주문하지도 않은 주스를 주면서 차림표를 주다니. 장미는 아저씨를 빤히 보았다. 가슴에 달린 '교실지기'라고 쓴 이름표가 눈에 들어왔다. 교실지기는 차림표를 장미 쪽으로 밀었다. 차림표에는 노벨, 에디슨, 잔 다르크, 마리 앙투아네트 등 사람 이름이 적혀 있었다.

'노벨, 에디슨? 카페가 아니고 도서관인가?'

장미는 가게 안을 휘 둘러보았다. 도서관은 아니다. 책이 없었다.

'노벨이나 에디슨이 마시던 음료를 판다는 건가? 아! 돈. 나 돈 없을 텐데.'

장미는 당황하며 가방을 뒤적였다. 교실지기가 말했다.

"계산은 하지 않아도 됩니다. 메뉴도 제가 골라 드릴 수 있는데, 그렇게 할까요?"

장미가 "네." 하고 대답했다. 공짜라니 마음이 놓였고 무엇이 나오는지도 궁금했다. 교실지기는 손가락으로 4번 마리 앙투아네트를

가리켰다.

"손님에게는 이것이 좋겠습니다."

"마리 앙투아네트라면……. 왕비요?"

"그렇습니다. 프랑스 왕 루이 16세의 비입니다."

"파티도 많이 열고, 예쁜 드레스도 많은 그 왕비 말이죠?"

"예. 그 당시 유럽의 패션과 유행을 이끌었죠."

호기심이 분수처럼 솟아났다.

"마리 앙투아네트를 주문하면 뭐가 나와요?"

"나오는 건 없고, 손님을 왕비가 있는 베르사유 궁전으로 보내 드립니다."

"보내 줘요? 역사 속의 프랑스로 보내 준다고요? 어떻게요? 어떻게 과거로 보내 줘요?"

교실지기가 앞치마 주머니에서 작은 부채를 꺼내 펼쳤다. 잠자리 날개처럼 얇은 천에 장미 네 송이가 그려져 있었다.

"이 부채가 베르사유로 데려다줄 겁니다. 물론 베르사유에서 이곳으로 올 때도 도움을 줄 거고요."

교실지기가 부채를 접어 장미에게 주었다. 장미는 머뭇거리며 그 부채를 받았다.

"프랑스에 가면 할 일이 있습니다."

"할 일이 뭔데요?"

"왕비에게 프랑스 국민들이 쓴 진정서를 읽어 주십시오. 아! 진정서란 '우리 형편이 이러이러하니 헤아려 주십시오.' 하는 글입니다."

"저는 프랑스어를 할 줄 몰라요."

"걱정하지 마십시오. 불편하지 않도록 준비해 두었으니까요. 손님, 주문하시겠습니까?"

"잠깐만요! 생각 좀 해 보고요."

프랑스 왕비와의 만남은 생각만으로도 신났다. 그러나 앞뒤 가리지 않고 덜컥 결정할 수는 없었다. 장미는 교실지기의 눈길을 피해 창 쪽으로 고개를 돌렸다. 두리번거리고 있는 삼촌이 보였다. 장미는 결심이 섰다. 프랑스에 가서 왕비를 만나기로 했다. 만나고 와서 삼촌에게 왕비가 얼마나 중요한 사람인지 말해 주기로 마음먹었다. 장미가 경험한 것을 또박또박 얘기하면 삼촌은 역사 공부를 그만두게 해 줄지도 모른다.

"이 부채는 어떻게 써요?"

"먼저 가고 싶은 곳을 떠올리세요. 그런 다음 부채를 펼쳐 얼굴을 가리고 '도와주세요.'라고 말하면 됩니다."

장미는 마음속으로 베르사유 궁전을 떠올리며 부채를 펼쳐 얼굴을 가렸다. 그러나 '도와주세요'라는 말은 쉽게 나오지 않았다. 장미는 다시 창밖을 보았다. 부채 너머로 삼촌이 보였다. 두리번거리던 삼촌이 카페 쪽으로 눈을 돌렸다. 하마터면 눈길이 마주칠 뻔했다. 다급해진 장미가 쫓기듯이 말했다.

"도와주세요."

아무 일도 일어나지 않았다.

"아! 프랑스어로 하셔야 합니다. 에데 무아! 프랑스어로 도와 달라는 말입니다."

"에데 무아!"

눈앞에서 색색의 장미꽃이 피어났다. 이어서 바람이 불었다. 바람이 장미의 뺨을 간질이고 머리카락을 날렸다. 부드럽고 시원한 바람이었다. 윙윙, 바람 소리도 들렸다. 바람 소리는 점점 커졌지만 신기하게도 바람의 세기는 그대로였다. 여전히 부드러웠다.

얼마쯤 지났을까. 바람 소리가 점점 작아지며 물소리가 겹쳐 들렸

다. 바람 소리는 점점 작아졌고 물소리는 점점 커졌다. 눈앞에 피었던 장미꽃이 하나둘 사라지며 바람 소리가 멈추고 물소리만 남았다. 분수였다. 부채 너머로 분수가 보였다. 장미는 입을 쩍 벌리며 부채를 접어 가방 옆 주머니에 찔러 넣었다.

"우아, 대단해!"

아름다운 정원이었다. 잔디는 무늬를 놓아 짠 초록 카펫처럼 펼쳐져 있고 온갖 꽃이 피어 있었다. 커다란 조각상이 놓인 분수도 근사했다. 화려한 드레스를 입고 깃털 달린 모자를 쓴 부인이 보였다. 장미는 부인이 바로 마리 앙투아네트 왕비임을 짐작으로 알았다.

"네가 장미로구나. 베르사유 궁전이 마음에 들기를 바란다."

왕비가 이름을 불러 주다니 가슴이 벅찼다. 교실지기가 미리 알려 준 모양이었다.

"왕비님, 안녕하세요?"

장미는 고개를 꾸벅 숙여 인사하고 나서야 프랑스식 예절을 갖춰야 한다는 생각이 들었다. 그러나 장미는 프랑스 궁전의 예절을 몰랐다. 한국식으로 큰절이라도 해야 하나 망설일 때 장미를 구해 줄 부인이 나타났다.

"왕비님! 여기 계셨습니까?"

부인이 양손으로 드레스 자락을 살짝 붙잡고 무릎을 굽혔다. 왕비가 반갑게 부인을 맞았다.

"폴리냐크 부인! 어쩐 일이세요?"

"왕비님이 걱정돼서 나왔습니다."

"고마워요, 부인. 요즘처럼 힘들 때 부인이 옆에 계셔서 얼마나 다행인지 몰라요."

왕비는 폴리냐크를 다정하게 대했다.

"참! 이 아이는 내게 진정서를 읽어 줄 장미예요. 장미, 폴리냐크 부인께 인사드리렴. 공주의 선생님이자 내가 가장 사랑하는 친구란다."

"부인, 안녕하세요?"

장미는 폴리냐크가 했던 것처럼 양손으로 옷을 잡고 무릎을 굽혔다. 치마를 입지 않은 게 아쉬웠다. 폴리냐크는 장미를 본체만체하며 왕비에게 말했다.

"피곤해 보이십니다. 이제 안으로 들어가세요."

"그래요, 부인. 장미도 따라오렴."

왕비가 폴리냐크의 팔짱을 끼었다. 두 사람은 천천히 걸었다. 엉덩이부터 둥글게 부풀려진 드레스를 입고 느릿하게 걷는 둘의 뒷모습이 꼭 타조 같았다. 장미는 타조 발걸음을 흉내 내며 왕비의 뒤를 따라갔다.

2. 왕비의 사치 탐구

궁전의 화려함에 장미는 입을 다물 수 없었다. 기둥과 벽은 황금색으로 번쩍거렸고 천장에 매달린 크리스털 촛대는 눈부셨다. 복도 곳곳에 놓인 조각상과 천장 그림, 벽에 걸린 커다란 초상화도 장미의 눈을 휘둥그렇게 만들었다.

"왕비님! 저는 공주님을 돌보러 가겠습니다."

궁전 복도에서 폴리냐크가 무릎 인사를 하고 다른 곳으로 갔다. 왕비는 폴리냐크의 뒷모습을 한참 동안 지켜보았다.

왕비의 방에서 한 무리의 여자들이 나와 인사했다. 왕비의 시중을

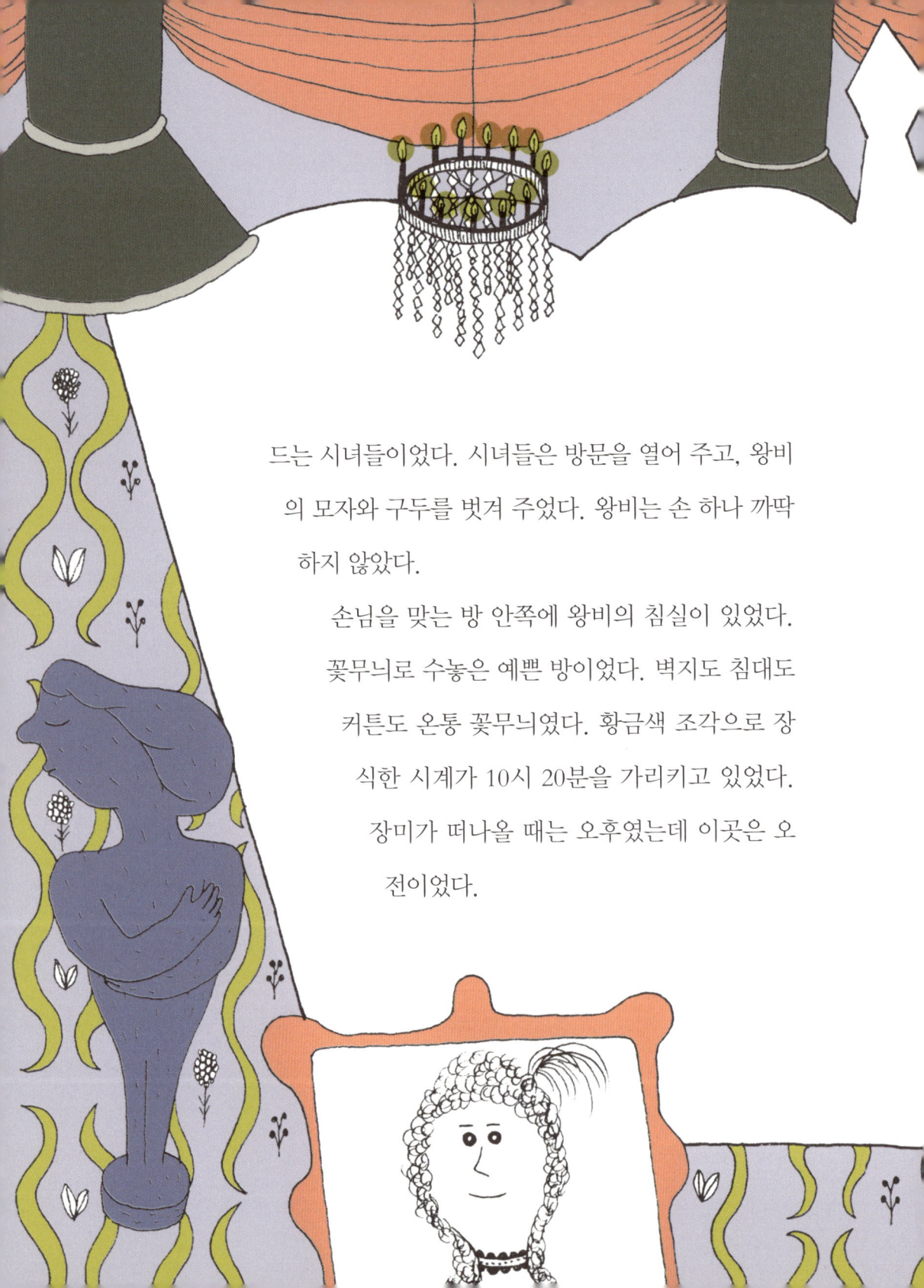

드는 시녀들이었다. 시녀들은 방문을 열어 주고, 왕비의 모자와 구두를 벗겨 주었다. 왕비는 손 하나 까딱하지 않았다.

손님을 맞는 방 안쪽에 왕비의 침실이 있었다. 꽃무늬로 수놓은 예쁜 방이었다. 벽지도 침대도 커튼도 온통 꽃무늬였다. 황금색 조각으로 장식한 시계가 10시 20분을 가리키고 있었다. 장미가 떠나올 때는 오후였는데 이곳은 오전이었다.

"캉팡 부인!"

왕비의 부름에 캉팡이 침실로 들어왔다. 캉팡은 왕비의 침실 시녀들 가운데 우두머리였다.

"장미가 머물 방을 마련해 주세요. 지금은 먹을 것을 가져다주시고요."

"알겠습니다, 왕비님."

캉팡이 나갔다. 왕비는 벽에 붙은 가구를 가리키며 장미에게 명령했다.

"저 서랍을 열고 진정서를 꺼내 오너라."

장미는 서랍에 든 진정서 뭉치를 조심스레 꺼내 들었다.

"교실지기가 신신당부하더구나. 네가 읽어 주는 진정서를 귀담아 들으라고 말이야. 하지만 지금은 머리 아픈 일이 많아서 이런 것까지 알고 싶지 않아. 당분간 네가 맡아 두어라."

왕비는 진정서를 거들떠보지도 않았다.

곧이어 방문이 열리고 시녀들이 은으로 만든 삼층 접시와 꽃무늬 도자기를 들고 왔다. 접시에는 간식이 한가득이었다. 크림이 듬뿍 올라간 컵케이크, 과일이 가득한 타르트, 말랑말랑한 푸딩, 색색의 마카롱이 먹기 아까울 정도로 예뻤다.

찻주전자를 든 시녀가 음료를 따라 주었다. 음료는 색이 진한 초콜릿이었다. 초콜릿 냄새가 진하게 풍겼다. 왕비가 초콜릿을 마셨다. 장미는 과자에 먼저 손이 갔다. 집에서는 아껴 먹어야 했던 마카롱이 가득 쌓인 것을 보니 행복했다.

"초콜릿도 마셔 봐. 맛있을 거야."

왕비의 권유에 장미도 찻잔을 입에 댔다. 왕비처럼 홀짝홀짝 마셔야 하는데 벌컥벌컥 마셔 버렸다. 그 바람에 장미의 입가에 초콜릿이 묻었다. 왕비가 깔깔 웃었다.

"호호호, 장미. 입을 좀 닦아야겠다."

장미가 색실로 수놓은 냅킨을 펼쳤다. 그 안에서 무언가가 무릎 위로 떨어졌다. 작고 얇은 책자였다.

"흥. 그 책자엔 또 뭐라고 쓰여 있니?"

방금 전까지 웃던 왕비가 차가운 목소리를 냈다. 얼굴도 딱딱하게 굳어 있었다.

장미는 책자를 들고 우물쭈물했다. 왕비를 비난하는 내용이라 차마 읽을 수가 없었다.

"안 봐도 훤해. 또 내 흉을 보는 거겠지. 사람들은 왜 그러는지 모르겠어. 품위 없는 책자를 마구 만들어 낸다니까."

왕비가 소파에서 벌떡 일어나며 캉팡을 불렀다. 캉팡이 재빨리 나타났다.

"장미를 방으로 데려가세요. 수고비도 챙겨 주시고요. 마음껏 쓰게 넉넉히 주세요."

"알겠습니다."

캉팡은 장미의 무릎에 놓인 소책자를 돌돌 말아 손에 쥐었다. 그리고 진정서 뭉치를 챙겨 장미에게 안겨 주었다. 긴 복도를 캉팡이 앞서 걸었고 장미가 뒤따랐다.

캉팡이 안내한 방은 장미의 마음에 쏙 들었다. 창밖으로 아름다운 정원이 보였다. 장미가 방 안을 휘휘 둘러볼 때 캉팡이 허리에 매단 주머니에서 금화 하나를 꺼냈다.

"이건 왕비님이 주시는 수고비야. 궁전 밖에 나가서 마음껏 쓰려무나."

"아무 일도 안 했는데 왜 수고비를 주세요?"

"궁 밖에 나가서 이 돈을 쓰라는 말이야. 당분간 왕비님 눈에 띄지 않는 게 좋겠다."

"네? 제가 무슨 잘못이라도 했나요?"

"아니, 아니. 넌 잘못한 게 없어. 하지만 왕비님이 너를 보면 이게 떠올라 괴로우실 테니 며칠간 조심하자는 뜻이야."

캉팡이 손에 쥐고 있던 돌돌 만 소책자를 들어 보였다.

"누군가 몰래 숨겨 둔 이런 책자가 나올 때마다 왕비님이 무척 불편해하신단다. 더구나 요즘은 국민들까지 술렁거려서 더 예민하신 것 같아. 며칠이면 될 거야. 낮에는 궁전 밖에서 지내고 밤에는 돌아와 이 방에서 쉬려무나."

캉팡은 장미가 안고 있던 진정서를 살며시 잡아당겼다.

"이건 잘 보관해 두자. 다시 꺼낼 일이 있을지 모르겠다만······."

캉팡은 서랍에 진정서를 넣고는 무슨 생각이 났는지 급히 몸을 돌렸다.

"아, 장미! 파리에 다녀오는 건 어떻겠니?"

"파리요?"

"구경할 게 많을 거야. 그리고 만약 왕비님이 무엇을 구경했느냐고 물으시면 파리의 좋은 모습을 말씀드려라. 파리 사람들이 왕실을 여전히 존경하고 사랑하더란 말도 하면 좋겠구나. 왕비님이 좋아하실 거야."

장미는 캉팡의 말뜻을 알아차렸다. 왕비가 듣기 좋아할 말을 하라는 뜻이었다. 장미는 그러겠다고 대답하며 손안의 금화를 바지 주머니에 넣었다.

"철문 밖에 마구간이 있어. 거기에서 파리로 가는 마차를 얻어 타려무나."

장미는 캉팡과 함께 방을 나왔다.

궁전 마당에 서니 철문이 보였다. 왕비를 만났던 곳은 궁전 뒤편의 정원이었고 철로 된 출입문은 궁전 앞에 있었다. 베르사유 궁전은 문조차 금빛으로 번쩍거렸다. 긴 총을 든 군인들이 출입문을 지키고 있었다.

마구간을 찾기는 어렵지 않았다. 마구간 앞에 마차가 몇 대 서 있었다. 말 탄 사람들이 오갔고 짐마차도 움직였다. 장미는 한달음에 그쪽으로 달려갔다. 한쪽에 서 있는 마차가 장미의 마음을 끌었다.

"와. 꼭 신데렐라 마차 같아."

"무슨 마차 같다고?"

누군가 뒤쪽에서 말했다. 장미보다 서너 살쯤 더 먹은 소년이 서 있었다. 모자가 인상적이었다. 챙의 앞뒤를 머리 쪽으로 바짝 붙인, 종이배처럼 생긴 모자였다. 장미는 마차 옆에서 얼른 떨어졌다. 소년이 무뚝뚝하게 말했다.

"여긴 왕실 마구간이야. 궁전 사람이 아니면 마차를 탈 수 없어."

"나도 궁전에 있어. 왕비님을 위해 일하는 장미라고 해. 캉팡 부인이 파리에 가는 마차를 얻어 타라고 하셨어."

"그래? 그렇다면 이 마차를 타. 마르탱 아저씨가 나오시면 바로 출발할 거야."

소년은 여전히 무뚝뚝하게 말하며 마차를 모는 마부 자리에 올라탔다.

"장 밥티스트! 준비 다 됐니?"

마구간 건물에서 한 아저씨가 나와 마차 쪽을 향해 소리쳤다. 소년이 대답했다.

"네에! 아저씨만 타시면 돼요."

"좀 더 기다려야겠다. 일이 덜 끝났거든."

아저씨가 안으로 들어가자 장 밥티스트가 마차에서 뛰어내리며 투덜댔다.

"아이참. 의회 구경 갔다가 부랴부랴 온 건데."

'의회?'

장미는 시의회 견학을 한 적이 있었다. 시민이 뽑은 대표들이 회의하는 곳이었다. 그런데 수백 년 전의 프랑스에도 의회가 있다니 뜻밖이었다.

"저기, 장 밥……."

장미는 소년의 긴 이름을 뚝 잘라 불렀다. 장 밥은 줄여 부른 이름에 대해서는 별다른 말을 하지 않고 장미를 빤히 보았다.

"의회 말이야. 시민 대표들이 모여서 회의하는 거 맞아?"

"그걸 몰랐어? 하긴 모를 수도 있겠네. 보아 하니 외국에서 온 것 같고 궁전 안에만 있었으면 프랑스 사정을 잘 모르겠지. 네 말이 맞아. 삼부회에 참석한 평민 대표들이 만든 게 바로 의회야."

"삼부회는 또 뭐야?"

"흠, 너 정말 하나도 모르는구나. 잘 들어. 내가 처음부터 설명해 줄게."

 길고 긴 장 밥의 말씀이 시작되었다. 장 밥은 신분 이야기를 먼저 꺼냈다. 프랑스 사람들은 세 신분으로 나뉜다고 했다. 제1 신분은 교회 성직자, 제2 신분은 귀족, 제3 신분은 평민이었다. 성직자와 귀족은 수가 적었지만 모든 권리와 혜택을 누렸다. 땅과 재산을 가졌고 높은 자리에 올랐다. 그러나 세금은 한 푼도 안 냈다. 평민은 정반대였다.

 "평민은 아무 권리도 없어. 세금만 내지. 왕과 성직자, 귀족을 위해 온갖 세금을 내고 그들을 위해 일도 해. 세금을 얼마나 많이 내는지 허리가 휠 지경이라니까."

 평민의 불만은 쌓여만 갔다. 더욱이 몇 해 동안 가뭄과 추위로 농사가 잘 안되어 빵값은 치솟았고 굶어 죽는 사람도 많았다. 그런데도 왕은 세금을 더 걷고 싶어 했다. 왕실 금고가 텅텅 비어 가고 있었기 때문이다.

 "왕실에는 빚이 많아. 귀족들과 파티를 열고 사냥이나 하면서 돈을 흥청망청 써 대니까. 남의 나라 전쟁에도 참가해서 돈을 낭비했어. 그래서 세금을 더 걷으려는 거야."

왕은 원래 귀족과 성직자에게까지 세금을 거두려고 했지만 그들의 반대에 부딪혔다. 결국 왕은 프랑스의 세 신분 대표가 모이는 삼부회를 열어 세금 문제를 회의에 붙이기로 했다.

왕은 삼부회에 오는 대표들에게 국민의 진정서를 받아 오게 했다. 평민들은 그동안의 어려움이 풀리기를 기대하며 진정서를 썼다. 글을 모르는 사람들은 법률가에게 맡겼다. 그러나 삼부회는 국민의 바람대로 진행되지 않았다.

"평민 대표들은 삼부회에서 푸대접을 받았어. 성직자와 귀족 대표들이 한편이 돼서 모든 일을 자기들 뜻대로 밀어붙이려 했지. 하지만 평민 대표들이 물러나지 않았어. 국민의 대표로 뽑혔으니 국민을 보호하고 국민들의 권리를 찾겠다고 마음먹은 거야. 그래서 국민 의회를 만들었어."

왕은 평민 대표들이 똘똘 뭉친 것을 보고 당황했다. 국민 의회를 방해하려고 회의장의 문을 닫아걸었다. 그러나 국민 의회는 물러서지 않았다.

"회의장 가까운 곳에 실내 테니스장이 있는데 거기 모여서 선서를 한 거야. 헌법을 만들어서 국민의 권리를 찾을 때까지 절대로 흩어지지 않겠다고 말이야."

그 의회가 왕실 마구간과 가까운 곳에서 날마다 열렸다. 제3 신분은 누구나 의회에 큰 관심을 보였다. 사람들이 구름처럼 몰려와 회의하는 것을 지켜보며 응원을 보냈다. 장 밥도 의회를 응원하는 사람 가운데 하나였다.

"장 밥티스트! 이제 출발하자꾸나."

장 밥에게 기다리라고 했던 아저씨가 나왔다. 아저씨가 장미를 보며 말했다.

"오늘은 손님이 있구나."

"이 아이는 왕비님 방에서 일하는 장미래요. 이분은 마부 마르탱 아저씨!"

장 밥이 둘을 서로에게 소개했다. 마르탱은 왕실의 마차를 모는 마부였고 장 밥은 조수였다.

"편안히 모시겠습니다, 손님."

마르탱이 마차 문을 열어 주며 익살을 부렸다. 마차가 천천히 움직였다. 장미는 신데렐라 마차를 타고 파리 구경에 나선 것이 설레면서도 프랑스에서 벌어지는 일이 복잡하게 느껴졌다. 어쩌면 왕비가 머리 아프다고 한 일이 의회인지도 몰랐다. 그러나 장 밥은 의회를 응원하고 있었다. 장 밥이 흥얼거리는 노랫소리가 뒷자리까지 들려왔다.

3. 7월의 파리

"장미! 다 왔다. 여기가 파리 구경하기에 제일 좋은 곳이야."

마차를 세운 마르탱이 말했다. 마차 문을 열고 나와 보니 큰 정원이었다. 정원 양쪽에 나무로 만든 터널이 있었다. 짙은 초록색 나뭇잎이 7월의 더위를 식혀 주었다. 정원 바깥쪽으로는 거대한 건물이 ㄷ 자 모양으로 들어서 있었다.

"왕의 친척이 사는 팔레 루아얄이야. 파리 사람은 전부 여기 모이더구나."

마르탱의 말처럼 정원은 드레스를 입은 여자, 검은 양복을 입은 남자들로 북적였다.

"나랑 장 밥티스트는 일을 보고 올 테니 실컷 구경하고 있으렴. 서너 시간쯤 걸릴 것 같다."

마르탱이 말고삐를 당기려고 할 때였다. 장 밥이 마르탱의 팔을 잡으며 외쳤다.

"잠깐만요, 아저씨!"

장 밥은 마차에서 뛰어내렸다.

"저도 장미랑 여기서 기다릴게요. 어린아이 혼자 파리를 어슬렁거리게 할 수는 없잖아요."

"핑계가 아주 그럴듯하구나. 좋아. 오늘은 인심을 쓰지. 아닌 게 아니라 장미 혼자 다니기에 파리는 너무 복잡해."

마르탱이 마차를 돌렸다. 장 밥은 장미의 팔을 잡아끌었다.

"따라와. 갈 데가 있어."

장 밥은 팔레 루아얄 안으로 들어갔다. 그곳은 전부 가게였다. 장 밥은 가게가 200개 가까이 되고 극장도 있다고 설명했다.

장 밥이 발걸음을 멈춘 곳은 카페 앞이었다. 문에 '카페 푸아'라는 간판이 매달려 있었다. 가게 안은 물론이고 바깥에 있는 의자에도 사람들이 꽉 들어차 있었다. 장 밥은 카페 안으로 들어가려다가 막 나오던 사람과 맞닥뜨렸다.

"어, 폴린 누나!"

"장 밥티스트. 마침 잘 만났다. 안 그래도 베르사유 소식이 궁금하던 참인데."

장 밥과 폴린이 반갑게 아는 체를 했다. 폴린은 장미를 보더니 미소로 인사했다.

"장 밥티스트의 친구?"

대답은 장 밥이 했다.

"응. 왕실에서 일하는 장미야."

"반갑다, 장미. 너희들 잠깐 여기 앉아 있어. 내가 초콜릿 한 잔씩 사 줄게."

폴린은 안으로 들어가더니 양철 주전자와 도자기 찻잔을 들고 나왔다. 폴린이 초콜

릿을 따라 주며 물었다.

"의회는 어때? 회의는 잘하고 있어?"

제3 신분이라면 모두 의회에 관심 있다더니 폴린도 대뜸 의회 이야기를 물었다.

"의회야 잘하고 있지. 문제는 왕이야. 어떻게든 의회를 방해하려고 하니까. 파리는 어때?"

"요즘 들어 군인들이 더 자주 보여. 왕이 군대를 시켜서 의회를 공격할까 봐 다들 걱정이야. 그런 일이 실제로 벌어지진 않겠지?"

장 밥과 폴린의 표정은 심각했다. 둘이 나누는 이야기도 무겁기는 마찬가지였다.

"누나, 의회를 공격하는 건 국민을 공격하는 것과 같아. 만약 그런 일이 일어나면 난 가만있지 않을 거야."

"나도 마찬가지야. 여자도 싸울 수 있다는 것을 보여 줄래."

장미는 폴린과 장 밥이 하는 말을 듣기만 했다. 군대니 공격이니 하는 말이 나오니까 겁이 났다. 두 사람은 한참 더 이야기를 나누었다. 장미는 알아듣기 힘든 이야기들이었다.

"나는 일하러 가야겠다. 다음에 또 보자."

폴린이 일어섰다. 장 밥도 남은 초콜릿을 모두 마시더니 의자에서 엉덩이를 뗐다.

"장미, 난 잠깐 다녀올 데가 있어. 너는 여기서 구경하고 있어."

"나 혼자 있으라고? 파리는 위험하다면서?"

"정신 바짝 차리면 돼. 그 가방 단단히 붙잡고."

"나도 같이 가. 내 핑계 대고 마차에서 내렸으면서 날 떼어 놓을 셈이야?"

장미는 따라가겠다고 고집을 피웠다. 폴린과 장 밥이 했던 말이 마음에 무겁게 남아 혼자서 파리 구경할 일이 걱정되었다. 장 밥은 장미의 고집에 지고 말았다.

파리는 복잡하고 소란스러웠다. 마차와 사람들로 북적거렸다.

"방금 나온 소책자입니다. 의회 소식이 담겨 있습니다. 왕비의 이야기도 있어요."

한 남자가 소책자가 수북하게 담긴 바구니를 목에 걸고 양손 가득 소책자를 든 채 손님을 불렀다. 왕비의 방에서 보았던 것과 크기가 비슷한 책자였다.

"꽃 사세요, 손님. 예쁜 꽃을 선물하세요."

꽃 파는 여자도 거리를 향해 외쳤다.

"아침부터 기다렸는데 빵을 왜 안 파는 거야? 값을 올리려고 일부러 수작을 부리는 거지?"

빵 가게 앞에 늘어선 사람들은 문을 탕탕 두드리며 아우성이었다. 장미가 발을 멈추었다. 빵을 사겠다고 아우성치는 모습이 낯설었다. 장미가 사는 곳에서는 빵 사는 일이 너무 쉬웠으니 말이다. 장 밥이 장미의 팔을 잡아끌며 말했다.

"몇 년째 흉년이 들어서 빵 구하기가 힘들어졌어. 이때를 이용해서 밀가루를 숨겨 두는 장사치들도 있고. 빵을 책임져야 할 왕은 이런 사정을 아는지 모르는지 모르겠다."

"장 밥, 팔레 루아얄에서 본 사람들은 다 귀족이야? 그 사람들은 가난해 보이지 않던데."

"평민이라고 모두 가난한 것은 아니야. 장사를 해서 돈을 많이 번 부자도 있고 공부를 해서 법률가나 관리가 된 사람도 많아. 가난한 농민이나 도시 사람도 여전히 많지만."

장 밥은 걸으면서도 자세히 설명해 주었다. 장미는 거리를 살피느

라 발걸음을 자주 멈추었다. 장 밥이 얼굴을 찌푸렸다.

"어우, 장미! 이러다 길 잃어버리겠다. 만약 나를 놓치면 팔레 루아얄로 돌아가. 파리 사람은 모두 아는 곳이니까 물어서 가면 돼. 마르탱 아저씨와 만나기로 했던 곳 알지?"

"길 안 잃어버려. 조심할게."

그러나 장미는 몇 걸음 못 가서 또 멈춰 섰다. 맨발의 아줌마가 말을 붙였기 때문이었다.

"친절한 아가씨, 가진 것 좀 나눠 주세요. 며칠째 굶었습니다."

아줌마의 눈빛은 매우 간절했다. 장미는 금화를 꺼내 줄까 망설였다. 그때 장미의 가방끈이 팽팽하게 당겨졌다. 장미가 '어어' 하며 가방끈을 잡았지만 당기는 힘이 더 셌다. 소매치기였다.

"앗! 부채!"

장미를 집으로 데려갈 부채. 가방 옆 주머니에 넣어 둔 부채를 꺼내야 했다. 손이 부채에 닿았지만 움켜쥘 새도 없었다. 장미의 어깨를 벗어난 가방은 허공을 휙 날아 누군가의 품으로 들어갔다.

"부채…… 부, 부……!"

장미가 부들부들 떨며 부채 소리만 했다. 그때 '툭' 하고 무언가가

바닥으로 떨어졌다. 가방이 흔들릴 때 빠져나온 부채였다.

"휴!"

장미가 한숨을 내쉬었다. 장 밥이 부채를 집어 들었다.

"받아. 가방은 내가 찾아올게."

장 밥이 부채를 장미에게 안겨 주고 도둑의 뒤를 쫓았다.

"가지 마, 장 밥!"

장미가 소리쳤다. 캉팡이 준 금화는 주머니에 있고 부채도 챙겼다. 달랑 수첩 하나 든 작은 가방은 없어도 그만이었다. 그러나 장 밥은 이미 저만치 달려가고 있었다.

장미는 혼자 남겨진 거리에서 한참 동안 장 밥을 기다렸다. 하지만 장 밥은 나타나지 않았다.

'사고가 난 건 아니겠지? 여기를 못 찾나? 아니면 팔레 루아얄로 바로 갔을까?'

놀라서 벌렁대던 심장은 차분해졌지만 머릿속은 복잡해졌다. 다리도 아프고 배도 고팠다.

장미는 팔레 루아얄로 돌아왔다. 장 밥은 보이지 않았지만 오래지 않아 마르탱의 마차가 나타났다.

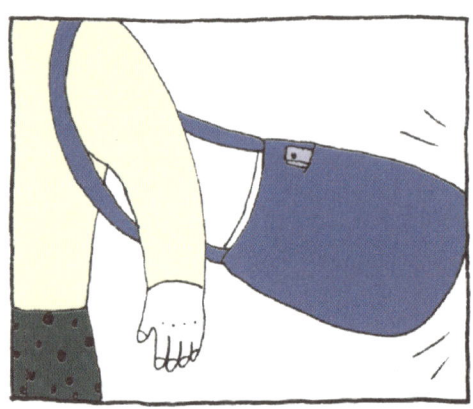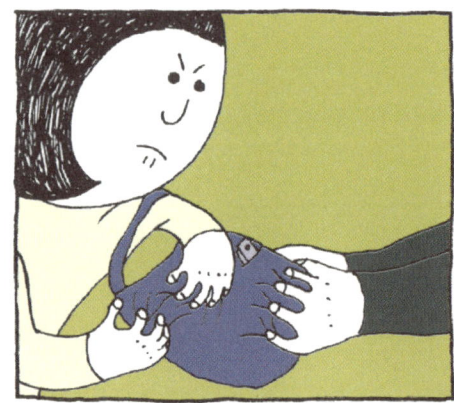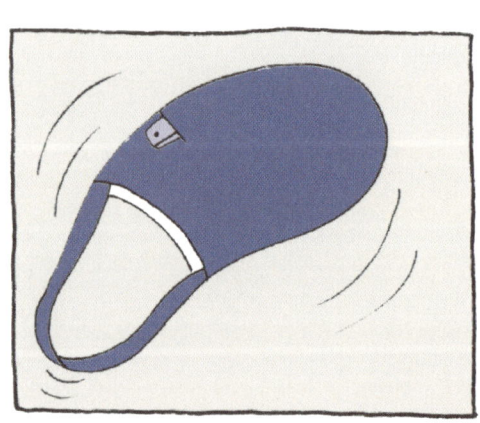

"아저씨! 장 밥이 사라졌어요. 엉엉."

마르탱을 보자 참았던 눈물이 터졌다. 장미의 설명을 듣고 난 마르탱은 그럴 줄 알았다는 투로 중얼댔다.

"어쩐지 요즘 생각이 온통 딴 데 가 있더라니……."

"저 때문이에요. 제가 가방을 빼앗기는 바람에……."

"아니다. 뭔가 생각이 있어서 일부러 안 나타난 거야. 마음 바뀌면 돌아올 테니 우리는 궁전으로 돌아가자."

장미는 고개를 저었다. 자기 때문에 사라진 장 밥이 어디에 있는지도 모르는데 혼자 궁으로 돌아갈 수는 없었다. 마르탱이 혀를 끌끌 찼다.

"고집 피우기는……. 타거라. 장 밥티스트가 갈 만한 곳에 데려다 줄 테니."

장미가 마차에 올라탔다. 마르탱은 동쪽으로 천천히 말을 달려 어느 길가에 장미를 내려 주었다.

"골목 안쪽에 포도주 가게 보이지? 장 밥티스트가 마차 조수가 되기 전에 일했던 곳이야. 가서 물어보면 뭐라도 알려 주겠지."

장미가 꾸벅 인사를 하고 골목 쪽으로 돌아섰다. 마르탱이 장미를 불러 세웠다.

"찾기 힘들면 궁전으로 빨리 돌아오너라. 파리의 분위기가 심상치 않아."

마르탱이 근심 가득한 얼굴로 마차를 몰아 떠났다. 장미는 포도주 가게로 갔다. 유리문에 사람 얼굴과 포도 바구니 그림이 붙어 있었다. 그림 위아래로 '클로드 숄라네 포도주 가게'라는 글씨가 보였다. 클로드 숄라가 가게 주인의 이름이었다. 클로드는 그림을 그리느라 장미가 들어오는 것도 몰랐다. 장미가 큰 소리로 부른 뒤에야 고개를 들었다.

"어서 오십시오, 손님. 요리에 쓸 포도주를 드릴까요?"

"아니요. 포도주를 사려는 게 아니고, 혹시 장 밥티스트를 아세요?"

"장 밥티스트? 궁전에 들어간 뒤로 한 번도 못 봤는데……."

장 밥은 클로드네 가게에 오지 않았다. 클로드는 장 밥을 알고 있는 또 다른 사람을 소개해 주었다. 꼬리를 잇는 소개로 몇 사람을 더 만났지만 장 밥을 만났다는 사람은 없었다. 장미가 마지막으로 만난 사람은 장 밥의 친구 장 마리였다. 맥주 가게에서 일하는 장 마

리는 오히려 장미에게 장 밥의 안부를 물었다.

파리의 여름 해는 무척이나 길었다. 저녁때가 되었는데도 대낮처럼 환했다. 그러나 장미의 마음은 캄캄한 밤중이었다.

"장미! 여기서 뭐 해?"

장미 곁으로 다가온 사람은 카페 푸아에서 만났던 폴린이었다. 폴린은 장미의 사정을 듣더니 선뜻 재워 주겠다고 나섰다. 집이 멀지 않다고 했다.

"정말 언니네 집에 가도 돼?"
"그럼. 동생이 많아서 시끄럽긴 하지만 거리보다야 낫겠지. 같이 가자."
폴린의 집에 들어서자 초콜릿 냄새가 났다.
폴린의 집은 초콜릿 음료를 만드는 가게였다.
"어머니와 함께 초콜릿 음료를 만들어서 카페 같은 데 팔고 있어."
"아! 그래서 낮에 언니가 그 카페에서 나온 거구나."
폴린이 고개를 끄덕였다.
장미는 초콜릿 가게를 휘 둘러보았다. 커다란 솥과 절구가 보였다. 폴린은 카카오 콩을 솥에 넣어 볶고, 절구에 빻아 작은 알갱이로 만든 다음, 알갱이를 돌판에 간 뒤 열을 가해서 걸죽한 초콜릿액을 뽑아낸다고 했다. 둥근 막대를 계속 밀며 한참 동안 갈아야 하기 때문에 폴린의 손바닥은 굳은살 투성이였다. 폴린은 날마다 신선한 초콜릿을 만드느라 손바닥이 나무껍질처럼 거칠어지고 있다며 웃었다.

4. 바스티유! 바스티유!

"장미, 서둘러. 장 밥티스트 찾으러 가야지."

아침을 먹고 났을 때 폴린이 장미를 재촉했다.

"언니는 초콜릿 만들어야 하잖아. 길을 알려 주면 나 혼자 갈게."

"오늘은 일요일이라 일은 안 해. 시내 소식도 궁금해서 알아보려는 거니까 같이 가자."

폴린은 사람이 많이 모이는 곳을 차례로 돌아보자고 했다. 파리에는 시청 광장이나 센강가, 궁전 정원처럼 사람들이 많이 모이는 장소가 몇 곳 있었다.

"걸어가면서 차례로 들렀다가 마지막에 팔레 루아얄에 가 보자."

폴린과 장미가 가장 먼저 찾아간 곳은 시청 광장이었다. 사람들이 삼삼오오 모여 이야기를 나누고 있었다. 누군가 앞에 나서서 연설하듯 큰 소리로 말하면 박수를 치기도 했다. 파리 시내를 흐르는 센강 주변에도 사람이 많았다. 그 틈에서 장 밥을 찾기는 쉽지 않았다.

장 밥을 찾아 헤매는 동안 장미와 폴린은 군인들을 몇 번 마주쳤다. 군인들은 말을 타고 움직였고, 총을 메고 행진했고, 대포를 끌고 어디론가 갔다.

"이상하다. 오늘 따라 군인들이 유난히 많이 보이네."

군인들이 지나갈 때마다 폴린이 고개를 갸웃거렸다. 어느 길모퉁이에 들어섰을 때 폴린은 사람들이 모인 곳을 가리켰다.

"벽보가 붙었나 본데. 저쪽으로 가 보자."

사람들이 높이 붙은 벽보를 보며 웅성댔다. 왕의 명령이었다.

- 밖에 모여 있는 시민들은 즉시 집으로 돌아갈 것
- 군부대는 도적 떼를 막으려고 이동하는 것이니 신경 쓰지 말 것

벽보를 읽은 사람들 사이에서 불만이 터져 나왔다.

"이렇게 더운 날 집에만 있으라고? 왕은 왜 저런 명령을 내려?"

"군인들이 대포까지 끌고 가는데 도적 떼 핑계를 대는 것도 이상해요."

"왕이 무슨 일을 벌이려는 게 틀림없어. 우리 모두 정신 똑바로 차립시다!"

사람들이 웅성거릴 때 한 남자가 광장으로 뛰어오며 소리쳤다.

"베르사유 소식이에요! 왕이 재무 장관을 쫓아냈대요. 제3 신분을 편들어 주던 재무 장관 말이에요."

남자는 사람들이 모인 곳마다 뛰어다니며 베르사유 소식을 전했다. 벽보 앞에 모인 사람들 사이에 또 다른 소동이 일었다.

"재무 장관을 쫓아냈으면 빵값은 어떻게 되는 거야? 지금도 비싼데 더 오르는 것 아니야?"

"재무 장관은 의회 편을 들어 주었잖아요. 그런 사람을 쫓아낸 건 의회를 없애려는 꿍꿍이가 아닐까요?"

"아! 그래서 군인들이 몰려간 거였군. 베르사유로 가서 의회를 공격하려고 움직인 거야!"

사람들이 저마다 흥분해서 목소리를 높였다. 폴린이 다급하게 말했다.

"장미, 빨리 팔레 루아얄에 가 보자. 거기에선 정확한 소식을 들을 수 있을 거야."

폴린은 성큼성큼 걸었다. 장미는 폴린을 따라가느라 뛰다 걷다 했다. 카페 푸아에 도착하자 이미 많은 사람이 모여 발 디딜 틈도 없었다. 사람들은 저마다 목소리를 높였다. 군인, 재무 장관, 의회, 왕,

왕비, 빵 같은 말들이 허공에 붕붕 떠다녔다.

장미는 검은 양복을 입은 한 남자가 카페 앞에 놓인 테이블에 올라가는 것을 보았다.

"시민 여러분!"

검은 양복 남자가 소리쳤지만 소란의 틈바구니에서 누구도 귀를 기울이지 않았다. 그러자 남자는 주머니에서 권총을 빼 허공에 쏘았다. 총소리가 나자 온갖 소음은 멈추었다.

"우리는 벼랑에 몰렸습니다. 왕의 군대는 전투 태세를 갖추고 파리 시내에 모여 있습니다. 구경만 하며 당할 수는 없습니다. 무기를 듭시다. 우리도 무기를 들고 앞으로 나갑시다!"

검은 양복 남자의 말이 끝나자 사람들이 박수를 치며 환호성을 질렀다.

"여기서 이럴 게 아니라 무기를 찾으러 갑시다! 의회를 지킵시다."

사람들이 '무기를 들자!'라는 구호를 외치며 무리 지어 카페 앞을 떠났다.

"장미, 집으로 돌아가자."

"장 밥은? 장 밥티스트 말이야."

"그 아이 걱정 말고 네 걱정이나 해. 얼굴이 하얗게 질렸어."

폴린이 장미의 손을 꼭 잡아 주었다. 집으로 걸어가는 동안 장미는 눈덩이처럼 불어난 사람들을 보았다. 사람들은 막대기를 흔들고 북을 치며 거리를 가로질렀다.

"무기를 찾읍시다."

"밀가루도 찾아요. 밀가루를 숨겨 둔 창고로!"

사람들이 한목소리로 외치고 있었다. 다급하게 울리는 교회 종소리가 파리 시내로 퍼졌다.

불안한 채로 이틀이 지났다. 사람들이 밤새 횃불을 들고 다니며 소리치는 바람에 잠을 제대로 잘 수 없었다. 낮에는 폴린의 동생들과 집 안에 갇혀 지내야 했다. 폴린이 파리 시내가 들끓고 있다며 장미와 동생들을 한방에 모아 놓고 나가지 못하게 했다. 장미는 폴린의 동생들과 놀면서도 머리로는 딴생각을 했다.

'장 밥은 무사할까? 하필이면 이런 때 발이 묶여서…….'

댕댕댕댕댕댕댕…….

날카로운 종소리가 들렸다. 무언가 급한 일이 벌어진 게 틀림없었다. 이틀 전 팔레 루아얄에서 사람들이 무리 지어 다닐 때도 똑같은 종소리가 났다. 장미는 초콜릿 가게로 갔다. 밖으로 나가려면 가게를 지나야만 했다. 문이 벌컥 열리며 폴린이 뛰어 들어왔다.

"언니! 무슨 일이야?"

"파리 시민들이 바스티유 감옥으로 가고 있어."

"감옥?"

"거기 화약이 있다나 봐. 사람들이 여기저기 다니며 총은 찾았는데 화약이 없다지 뭐야. 그래서 가지러 가는 거래."

"사람들이 왜 자꾸 무기를 찾아? 왕의 군대랑 싸움이라도 벌이려는 거야?"

"민병대에 줄 무기를 찾는 거야. 어제 파리 시민들이 스스로 군대를 만들었거든."

폴린은 파리에서 일어났던 일을 말해 주었다. 사람들이 흥분해서 돌아다니자 질서를 지키기 위해서 시민 군대인 민병대가 만들어졌다. 4만 명도 넘는 사람들이 민병대에 들겠다며 제 발로 찾아왔다.

"민병대에게 무기를 갖춰 주려고 사람들이 여기저기 흩어져서 찾고 있는 거야. 그중 한 무리가 바스티유를 향해 가는 거고."

멀리서 고함 소리가 들렸다. 둥둥둥 북소리도 들렸다. 목소리와 북소리가 점점 더 다가왔다.

장미는 불안했다. 삼촌을 피해 '수상한 인문학 교실' 카페로 뛰어든 것을 후회했다. 마리 앙투아네트 왕비를 골라 준 교실지기도 원망스러웠다.

'삼촌이랑 역사 공부나 할걸. 괜히 꾀를 부렸어.'

"바스티유! 바스티유!"

사람들의 목소리가 또렷이 들렸다. 박자 맞춰 바스티유를 외치고 있었다.

'바스티유……. 본 적이 있는 이름이야. 역사책에서 본 것 같아.'

장미는 이 소용돌이가 역사책에 나오는 일인지도 모른다고 생각했다. 그렇다면 이보다 더 생생한 역사 공부는 없었다.

'교실지기가 날 이리 보낸 건 역사 공부를 제대로 하라는 뜻인 걸까? 그렇다면 방 안에 갇혀 있을 수만은 없어. 역사의 현장을 보아야 해.'

"언니, 우리 밖에 나가 볼래?"

"안 돼! 다치기라도 하면 어쩌려고."

"괜찮아. 나에게도 무기가 있어."

"뭐? 너한테 무슨 무기가 있어?"

"있어, 그런 거. 걱정 말고 같이 가. 언니를 힘들게 하지 않을게."

장미는 믿는 구석이 있었다. 원하기만 하면 장미를 언제라도 집으로 데려다줄 부채. 가방을 잃어버린 뒤로 손에서 놓아 본 적이 없는 부채가 장미의 무기였다.

"장미 너 무슨 일 있었니? 팔레 루아얄에선 하얗게 질린 얼굴이더니 지금은 전혀 겁먹지 않았는걸. 좋아! 같이 가자. 여자라고 뒷짐 지고 있을 수만은 없지."

장미와 폴린은 밖으로 나왔다. 농기구를 든 사람, 나무 막대를 든 사람, 총을 든 사람, 북을 치는 사람, 대포를 끌고 미는 사람들이 '바스티유'를 외치며 지나가고 있었다. 장미와 폴린도 사람들 뒤를 따라 바스티유로 향했다.

5. 혁명입니다, 폐하

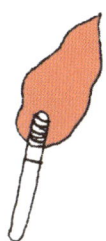

 사람들이 바스티유를 마주 보고 섰다. 장미와 폴린은 사람들 틈에 섞이지 않고 몇 걸음 떨어진 곳에 긴장한 채로 서 있었다. 바스티유는 감옥으로 쓰기 전에 성이었다고 폴린이 말했다. 안에서 문을 닫아걸면 벽을 기어오르지 않고서는 안으로 들어갈 방법이 없었다.
 "대표들이 바스티유에 들어가 협상을 하고 있어요. 화약을 얻어 올 수도 있으니 일단 여기서 기다립시다."
 한 사람이 뒤에서부터 앞으로 걸어가며 큰 소리로 소식을 전했다. 소식을 들은 사람들은 주변 사람에게 이야기를 전달했다.

"기다리래요. 대표들이 들어갔대요."

"화약을 얻어 올지 모른대요. 기다리랍니다."

장미는 바스티유와 마주 선 사람들의 뒷모습을 살폈다. 헝클어진 머리카락, 비쩍 마른 등, 때 묻고 구겨진 옷과 나무로 만든 신발……. 사람들의 가난이 눈에 보였다. 물론 그중에는 말끔하게 차려입은 사람도 있었다.

"어, 저 사람은……."

장미는 무리의 앞쪽에 있는 사람이 몸을 돌려 뒷사람과 이야기하는 것을 보았다. 몸을 돌린 사람의 얼굴이 낯익었다.

대표들이 들어갔어요.

화약을 얻어 올지 몰라요.

"클로드 아저씨?"

장 밥을 찾으러 맨 처음에 들렀던 포도주 가게의 주인 클로드 숄라였다. 그리고 보니 클로드 옆에 서 있는 사람의 뒷모습도 어디선가 본 것 같았다. 챙을 올려붙인 모자와 허름한 외투. 이틀 전 장 밥의 차림새였다.

"언니, 저 사람 장 밥티스트 아냐?"

"어디?"

"저기 앞쪽에 모자 쓴 사람."

장미가 클로드와 옆에 선 사람을 손가락으로 가리켰다.

"글쎄. 얼굴이 안 보여서 잘 모르겠네."

장미는 까치발을 하고 목을 뺐다. 이번에는 클로드 앞에 있던 사람이 뒤를 돌아보았다. 장 마리였다. 맥주 가게에서 일하는 장 밥의 친구. 장미가 장 밥을 찾아다닐 때 마지막에 만났던 사람이었다.

"장 마리도 있는 걸 보면 장 밥이 틀림없어. 장 밥! 장 밥티스트!"

장미가 소리 높여 장 밥을 불렀다. 그러나 장 밥에게는 들리지 않았다. 장미는 사람들 속으로 들어갔다.

"장 밥, 장 밥!"

장미가 사람들을 헤치고 앞으로 나가며 장 밥을 불렀다. 장미의 갑작스런 행동에 놀란 폴린은 장미를 부르며 따라갔다.

"장미, 장미! 거기 서!"

장미는 멈추지 않았고 기어이 장 밥의 등 뒤에까지 갔다. 장미가 장 밥의 옷자락을 잡아당겼다. 장 밥은 깜짝 놀란 얼굴이었다.

"어! 네가 여기 웬일이야?"

"그러는 장 밥은 왜 여기 있어? 내가 얼마나 찾아다녔는지 알아?"

"날 찾아다녔다고? 궁전으로 돌아간 게 아니고? 어휴, 왜 안 돌아갔어?"

장 밥이 답답하다는 듯이 목소리를 높였다. 뒤따라온 폴린이 장 밥에게 따져 물었다.

"장 밥티스트! 너 설마 장미를 일부러 떨어뜨려 놓은 거야?"

"아니, 그게……. 돌아갈 줄 알았지. 방법도 알려 줬단 말이야."

"네가 장미라면 자기 가방 찾으러 간 사람을 두고 혼자 돌아갈 수 있어? 어떻게 어린아이를 혼자 두고 도망칠 생각을 해?"

폴린이 몰아붙이자 장 밥은 억울하다는 투로 말했다.

"아이참. 누가 도망을 쳐? 궁전에서는 아무것도 할 수 없으니까 의회 편에 서려고 기회를 본 거야. 그리고 장미 가방도 찾았단 말야. 잘 보관해 두었으니까 나중에 줄게."

장 밥은 파리의 분위기를 살피느라 이틀 동안 거리에서 잠을 자며 고생했다고 했다. 민병대에 들어갈까 고민하던 때에 바스티유로 행진하는 사람들 틈에 섞였고, 이곳에 와서 장 마리와 클로드를 만난 것이었다.

"이런. 내 친구가 고생이 많았네. 이제 그만 봐줘요. 이렇게 만났으면 됐지 뭐."

장 마리가 능청스럽게 친구를 감쌌고 클로드도 그러자며 맞장구를 쳤다.

"자, 자. 조금만 비켜 주세요. 대포가 갑니다."

누군가 커다란 대포를 끌고 와 무리 앞에 놓았다.

"대포 쏘아 본 사람 있어요?"

대포를 끌고 온 사람이 묻자 클로드가 손을 번쩍 들었다.

"저요! 제가 대포 쏘던 포병 출신이에요."

"그럼 이 대포를 맡으세요."

클로드가 장 밥과 장 마리의 응원을 받으며 대포에 바짝 붙어 섰다. 얼마 뒤에 한 아주머니가 사람들 사이를 비집고 오며 소리쳤다.

"갑니다, 가요! 대포알이 갑니다요. 대포알!"

앞치마를 모아 쥔 것을 보니 그 안에 대포알이 든 모양이었다. 아주머니는 클로드의 대포 옆으로 가서 앞치마를 펼쳤다. 대포알 대신 깨진 포도주병이 들어 있었다.

"대포알이 없을 땐 이거라도 대신 써요. 가게마다 문을 두드려서 얻어 온 거예요."

아주머니가 의기양양하게 말하며 포도주병을 쏟아 놓았다.

75

"이봐요, 마르그리트! 혹시 우리 가게에서 가져 온 건 아니죠?"

클로드가 농담을 건넸다. 이름을 부른 것으로 보아 서로 아는 사이 같았다.

"클로드, 당신 가게는 이미 다 털려서 집어 올 게 없었어요. 이왕 그렇게 된 거 텅 빈 가게 걱정은 집어치우고 대포나 똑바로 쏴요."

마르그리트가 클로드의 등을 툭툭 치며 말했다. 클로드와 마르그리트의 장난을 지켜보던 사람들이 웃음을 터트렸다. 즐거운 분위기도 잠깐, 갑자기 찬물을 끼얹는 소리가 들렸다.

"사람이 떨어졌다. 성벽을 오르던 사람이 떨어졌어!"

사람들이 술렁거렸다. '누가 다쳤다고? 어떻게 된 거야? 무슨 일이야?' 같은 말이 여기저기에서 튀어나왔다. 사고를 지켜본 사람이 뛰어다니며 소식을 전했다. 사정은 이랬다.

대표단이 바스티유에 들어간 뒤 사람들은 차분하게 소식을 기다렸다. 그러나 뒤늦게 나타난 사람들은 그런 사정을 몰랐다. 뒤늦게 나타난 사람 가운데 용감한 남자 둘이 굳게 닫힌 성문을 열기로 했다. 보초병이 서 있는 초소 지붕에 올라가서 성안으로 들어간 다음 문을 연다는 작전이었다. 그런데 한 남자가 지붕으로 오르다 그만

발이 미끄러져 떨어지고 말았다.

"떨어진 사람은 괜찮아요! 많이 다치지 않았대요."

소식이 전해지면서 사람들은 안도의 한숨을 쉬었다. 그러나 장 밥은 마냥 안심할 수만은 없었다.

"장미, 너 때문에 신경 쓰여서 안 되겠어. 폴린 누나, 장미 좀 집에 데려가."

장 마리도 똑같은 말을 했다. 장 밥과 장 마리가 폴린과 장미의 등을 떠밀었다.

탕탕!

장미와 폴린이 무리를 다 빠져나왔을 즈음 총소리가 났다. 장미는 장 밥이 있는 쪽을 살피려고 멈칫했다. 그러나 폴린이 장미의 손을 잡아끌며 집 쪽으로 뛰었다. 바스티유에서 폴린의 집은 그리 가깝지 않았는데도 순식간에 도착했다. 폴린이 그만큼 빨리 달린 것이다. 폴린은 문을 벌컥 열고 장미를 안으로 밀어 넣으며 어머니를 불렀다.

"어머니, 장미가 밖으로 나오지 못하게 꼭 잡아 두세요."

폴린은 다시 바스티유 쪽으로 뛰어갔다. 폴린의 어머니는 장미를

폴린의 동생들이 있는 방으로 데려가 나오지 못하게 했다. 장미는 또다시 갇히다시피 있어야 했다. 대포 소리가 났다. 총소리도 들려왔다. 사람들의 외마디 비명과 울음소리도 들리는 듯했다.

"장미, 우리처럼 하면 하나도 안 무서워."

폴린의 동생들이 손가락으로 귀를 막으며 몸을 웅크렸다. 장미도 따라 했다.

시간이 얼마쯤 흘렀을까? 창밖으로 사람들이 왁자지껄하게 떠드는 소리가 들렸다. 장미가 귀를 막았던 손가락을 떼니 초콜릿 가게의 문이 열리는 소리가 났다. 장미는 가게로 뛰어갔다. 폴린과 장 밥이 보였다.

"장 밥! 폴린 언니! 괜찮아? 다친 데는 없어?"

장미가 폴린과 장 밥을 번갈아 보며 물었다. 장 밥이 대답했다.

"보다시피 우리는 괜찮아."

"장 마리랑 클로드 아저씨는 어때? 바스티유는? 사람들은 어떻게 됐어?"

장미는 물어볼 것이 많았다. 이번에는 폴린이 대답했다.

"둘 다 무사해. 바스티유는 함락됐고. 사람들이 다치기도 했지만……. 뭐, 어쨌든 오늘은 다 끝났어. 참! 장 밥티스트는 민병대에 들어가겠대."

장미가 걱정스런 목소리로 장 밥에게 물었다.

"위험하지 않아? 그냥 궁전에 있지."

"가만히 있으면 아무것도 바뀌지 않는다는 걸 깨달았어. 나랑 비슷한 생각을 하는 사람이 많으니까 함께 뭐든 해 보려고. 참, 이거!"

장 밥은 손에 든 가방을 내밀었다. 도둑맞았던 장미의 가방이었다. 장미가 말없이 가방을 받아 들었다.

"궁전엔 너 혼자 돌아가. 사람들 통해서 마르탱 아저씨한테 연락해 놓을게. 파리에 오실 때 여기 들러서 널 데려가시라고 말이야."

이렇게 말하고 장 밥은 떠났다. 거리를 행진하는 사람들 틈에 섞여 멀어져 갔다. 비록 잠깐 만났을 뿐이지만 장미는 장 밥과의 헤어짐이 무척 아쉬웠다.

마르탱이 찾아온 것은 그날 밤이었다. 장미는 폴린의 가족들과 인사를 나누고 밖으로 나갔다. 초조하게 기다리던 마르탱이 장미를 반겼다.

"오오, 장미. 무사했구나. 걱정했는데 다행이다. 얼른 타거라. 시

내에서 공작 나리 한 분을 모시고 가야 해."

장미는 마르탱의 옆자리에 올라탔다. 장 밥이 앉았던 자리였다. 마르탱은 으리으리한 저택에 들러 공작을 태웠다. 공작은 무척 서두르고 있었다. 마르탱에게 되도록 빨리 가라고 주문했다. 베르사유에 돌아왔을 때는 새벽이었다. 마차가 궁전 출입문 앞에 섰을 때 공작이 장미를 불렀다.

"얘야, 혹시 국왕 폐하의 방을 아느냐?"

"잘 모릅니다."

"왕비님 방의 반대편이다. 문 앞에 지키는 사람이 있으니 찾기 어렵지 않을 거야. 빨리 가서 폐하의 시중드는 사람을 깨워 다오. 파리에서 급한 소식이 왔다고 말해라. 보다시피 나는 몸이 무거워서 말이야."

장미는 뛰었다. 철문 안으로 뛰었고 계단을 뛰어올랐고 왕의 방으

아! 프랑스혁명이구나.

로 난 긴 복도를 뛰었다. 장미는 왕의 시중드는 사람을 깨워 공작의 말을 전했다. 그사이에 공작이 숨을 몰아쉬며 나타났다. 공작은 시중드는 사람의 안내를 받아 왕의 침실로 들어갔다. 조용한 밤이라 침실 안의 말소리가 또렷이 들렸다.

"폐하, 바스티유가 함락되었습니다!"

"파리 시민들이 또 폭동을 일으켰나?"

"아닙니다, 폐하. 이번에는 혁명입니다!"

장미는 자신이 프랑스 혁명의 한가운데에 와 있다는 것을 비로소 알았다.

6. 어디선가 장미 향기

"떠나야 돼. 당장 베르사유를 떠나야 돼. 캉팡 부인! 짐을 꾸리게 가방을 가져와요."

바스티유 소식을 전해 들은 아침, 왕비는 어쩔 줄 몰라 했다.

"마음을 가라앉히세요, 왕비님. 국왕 폐하께서 아무 결정도 내리지 않으셨습니다."

"결정 나는 대로 서둘러 떠나려면 준비를 해야죠. 보석 상자도 가져오세요."

캉팡은 서랍을 열어 왕비의 보석 상자들을 모두 꺼냈다.

"짐을 줄여야 하니까 반지와 목걸이에서 보석만 빼요. 장미, 너도 짐 싸는 걸 거들겠니? 아니, 아니야. 넌 진정서를 모두 없애. 만약 저들이 궁전까지 쳐들어와서 그것을 찾아내면 뭐라고 할지 생각만 해도 무서워."

왕비는 부르르 떨며 허둥지둥했다. 캉팡이 장미를 복도로 데리고 나와 작은 소리로 말했다.

"네 방에 가 있는 게 좋겠다. 진정서는 잘 갖고 있으렴."

장미는 방으로 돌아와 서랍에 넣어 둔 진정서를 꺼내 보았다.

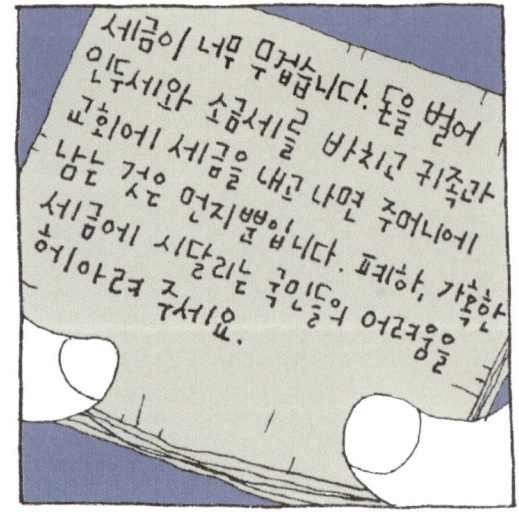

진정서에는 사람들의 간절한 사연이 담겨 있었다. 무리한 요구가 아니었지만 왕비는 머리 아픈 일이라며 외면했고 지금은 국민이 무섭다며 짐을 꾸리고 있다. 그러나 왕비는 궁전을 떠나지 못했다. 왕이 베르사유에 남겠다고 결정했다. 장미는 왕비가 모든 것을 포기한 채 시무룩하게 앉아 있는 모습을 보았다.

왕비 대신 왕족들과 귀족들이 베르사유를 떠났다. 성난 파리 시민들이 벌주어야 할 왕족과 귀족의 명단을 발표했기 때문이다. 그동안 왕이나 왕비에게 아첨해 나라 살림을 거덜 냈거나 국민을 괴롭히

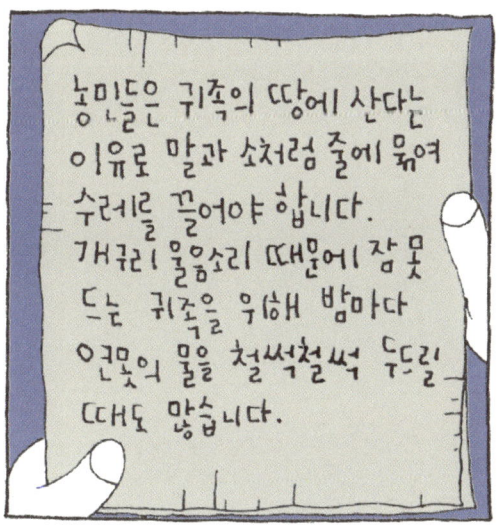
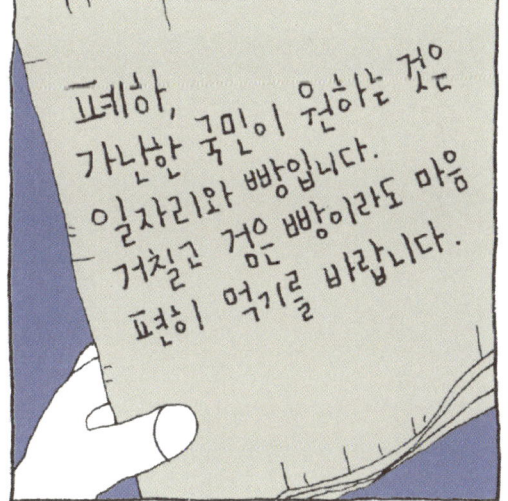

던 사람들이라고 했다. 그중에 폴리냐크 가족이 있었다. 폴리냐크는 베르사유를 떠나기 전 하녀의 옷을 입고 왕비를 찾아왔다. 왕비가 울음을 터트렸다.

"흑흑. 부인, 우리가 다시 만날 수 있을까요?"

폴리냐크는 못마땅한 얼굴로 서 있었다. 왕비가 손을 잡으면 손을 내주었고 왕비가 끌어안으면 뻣뻣하게 안겼다. 장미는 왕비의 침실 시녀들이 속닥이는 소리를 들었다.

"폴리냐크의 표정 좀 봐. 왕비를 꼬드겨서 돈을 빼낼 때는 꼬리 흔드는 강아지 같더니 지금은 고양이처럼 도도한 얼굴이네."

"고양이는 무슨? 화난 사냥개 같은걸."

시녀들은 폴리냐크의 불행을 비웃었다.

궁궐 마당에서 귀족들의 마차가 줄줄이 떠났다. 귀족들이 떠난 자리에는 소문이 남았다. 어느 귀족 부인은 "이런 때가 아니면 언제 하녀의 옷을 입어 보겠어. 낭만적인 일이야."라며 웃었다고 했다. 어느 귀족은 파리를 벗어날 때 길목을 지키던 시민들에게 "파리의 악당들아! 너희를 용서하지 않겠다."라고 소리쳤다고 했다.

며칠이 지났다. 소문은 더 이상 들려오지 않았다. 우울한 얼굴빛을 하고 있던 왕비도 안정을 찾으며 예전의 생활로 돌아갔다. 눈을 뜨면 드레스 그림책을 보며 그날 입을 옷을 골랐고, 구두와 모자를 골랐고, 목걸이와 리본을 골랐다. 머리 담당자는 날마다 색다르게 머리를 꾸몄고 화장 담당은 왕비의 얼굴을 하얗게 만들었다.

왕비는 아침이면 초콜릿 음료를 곁들여 부드러운 빵을 먹었고, 틈틈이 달콤한 케이크와 과자를 먹었다. 저녁에는 드레스를 갈아입고 왕과 함께 푸짐한 식탁에 앉았다. 함께 어울리던 귀족들이 떠나서인지 화려한 파티는 열지 않았다.

왕비의 식탁을 보며 장미는 돈을 들고도 빵을 사지 못해 아우성치던 사람들을 떠올렸다.

'왕비님께 진정서를 읽어 드려야겠어. 국민들이 어떻게 사는지 알려야 해.'

장미는 진정서를 꺼내 들고 왕비의 방으로 갔다. 왕비는 의자에 앉아 쉬고 있었다.

"장미 왔구나. 난 별궁에 가 볼까 하던 참이야. 농장처럼 꾸며 놓은 여름 별궁이 한창 아름다울 때거든. 같이 가지 않을래? 오늘은 특별히 너를 초대할게."

"왕비님. 저는 지금 진정서를 읽어 드리고 싶어요."

"진정서를 읽겠다고?"

"네. 교실지기가 꼭 읽어 드리라고 했어요."

"장미! 그 진정서는 나와 국왕 폐하께 총을 겨눈 자들이 쓴 거야. 적이 된 자들의 불평 따위를 들려주겠다고? 나한테?"

왕비의 목소리가 날카로웠다. 장미는 겁났지만 물러서지 않았다.

"국민은 왕비님의 적이 아니라 돌봐야 할 사람들입니다. 국민들의 목소리에 귀 기울여 주세요."

"건방지구나! 국왕 폐하와 나는 진심으로 국민을 아끼고 있어. 그런데 저들은 은혜도 모르고 무리한 요구만 해. 마음대로 의회를 만들더니 헌법을 만든다며 법석을 떤단 말이다. 국왕 폐하의 한 마디, 한 마디가 모두 법인데 그깟 헌법 따위가 무슨 소용이야?"

왕비가 씩씩거리며 침실을 왔다 갔다 했다. 그러고도 화가 가라앉지 않는지 장미를 노려보았다.

"캉팡 부인!"

왕비는 장미를 쏘아보면서 입으로는 캉팡을 불렀다. 캉팡이 급히 들어왔다.

"이 아이를 돌려보내세요. 다시는 보고 싶지 않아요."

"왕비님……."

장미가 간절하게 불렀지만 왕비는 들은 척도 하지 않고 캉팡에게 성을 냈다.

"뭐 해요? 어서 돌려보내지 않으면 부인도 베르사유에서 쫓겨날 거예요."

"알겠습니다."

캉팡이 고개를 조아리며 장미를 데리고 물러났다. 캉팡은 사람이 없는 곳으로 장미를 데려가 꾸짖었다.

"겁도 없구나. 어쩌자고 왕비님께 그런 말을 한 거야? 벌 받지 않은 걸 다행으로 생각하고 돌아갈 준비를 하려무나."

장미가 고개를 떨구었다. 장미의 모습을 본 캉팡이 목소리를 누그러뜨렸다.

"진정서는 이리 다오."

장미는 들고 있던 진정서를 캉팡에게 주었다.

"저분은 공주로 태어나 열여덟 살에 왕비가 되셨어. 평생을 대접만 받으며 살았고 가난한 사람의 생활은 들여다볼 틈이 없었지. 그래서 이 진정서도 이해 못 하실 거야."

"……."

"나도 귀족이지만 궁전에는 정말 별난 귀족과 왕족들이 아주 많아. 그런 별난 사람들에 비하면 왕비님은 친절하고 겸손하신 편이야. 왕비님이 돈을 많이 쓴다고 흉보는 사람도 있는데 이전의 왕족들에 비하면 사치를 부리는 것도 아니란다."

말을 마친 캉팡이 장미의 손등을 톡톡 두드려 주었다.

"조심히 돌아가거라."

장미는 방으로 가서 가방과 부채를 챙긴 뒤 마구간으로 갔다. 마르탱의 마차가 서 있었다. 종이배 모자를 쓴 장 밥이 생각났다. 장 밥은 나중에 어떤 사람이 되었을까. 민병대에 들어갔으니 유명한 장군이 되었을까. 빨리 돌아가 교실지기에게 물어보고 싶었다.

장미는 사람들이 다니지 않는 곳으로 가서 부채를 펼쳤다. 마음속으로 교실지기와 만났던 카페를 떠올렸다.

"에데 무아!"

장미꽃과 바람 소리가 장미를 카페 '수상한 인문학 교실'로 데려다주었다. 교실지기가 매우 반갑게 장미를 맞았다.

"손님, 주문하신 것은 마음에 드셨습니까?"

"네. 겁날 때도 있었지만 대체로 좋았어요. 그런데 아저씨, 제가 만난 장 밥티스트를 아시죠? 어떤 사람이 되었어요?"

"장 밥티스트는 매우 흔한 이름이라 성까지 알려 주셔야 합니다."

"성까지는 모르는데……. 그럼 폴린은요? 어머니랑 같이 초콜릿 만들던 언니인데."

"폴린 레옹을 말씀하시는군요. 여자들만으로 군대를 만들자고 주장했습니다. 여성의 권리를 보장받기 위해 앞장섰죠."

"와, 역시 훌륭한 사람이 되었네요. 아! 장 마리는요?"

"맥주 가게에서 일했던 장 마리 실뱅 고미는 바스티유 함락 때 활약했다는 짧은 기록이 남아 있습니다."

"이렇게 다 알면서 장 밥티스트만 모르세요? 훌륭한 장군이 되었을 줄 알았는데."

"아쉽게도 역사가 모든 사람을 기록하지는 못하니까요. 그리고 저는 사람들이 꼭 뭐가 되어야 한다고 생각하지는 않습니다."

"그게 무슨 말이에요?"

"장군이나 정치가뿐 아니라 평범한 사람의 삶도 값어치가 있다는 말입니다. 기록에는 없지만 장 밥티스트도 멋지게 살면서 역사 발전에 도움을 주지 않았을까요?"

장미는 고개를 끄덕였다. 장 밥이 좋은 사람으로 잘 살았을 것이라고 생각했다. 캉팡에게 받은 금화라도 주고 올걸 아쉬웠다. 대신 교실지기에게 선물하기로 마음먹었다. 금화를 받은 교실지기가 함박웃음을 지었다.

"오, 루이 16세 금화로군요. 고맙습니다. 저도 손님께 선물을 준비했습니다."

교실지기가 앞치마 주머니에서 그림엽서를 꺼냈다. 그림 속 풍경이 낯익었다. 바스티유를 함락시키는 시민들. 장미가 보고 온 그날을 그린 그림이었다.

"클로드 숄라 씨의 그림입니다."

"클로드 숄라? 포도주 가게 아저씨 말이죠? 와, 가게에서도 그림을 그리더니 이렇게 멋진 작품을 남겼네요."

장미는 그림엽서를 들여다보며 미소 지었고, 교실지기는 금화를 들여다보며 흐뭇해했다.

"아저씨, 프랑스 혁명은 좋은 사건이었어요?"

"손님, 제 수업은 끝내겠습니다. 더 궁금한 것은 밖에 계신 저분께 물어보면 어떨까요?"

교실지기가 창밖을 가리켰다. 서성거리는 삼촌이 보였다. 장미는 부채를 교실지기에게 돌려주고 밖으로 나왔다. 삼촌이 눈을 동그랗게 뜨며 창문과 장미를 번갈아 보았다.

"장미야! 너 왜 여기서 나와?"

"왜 그렇게 놀라?"

장미가 뒤를 돌아보았다. 파랑, 하양, 빨강 비닐을 차례로 붙인 창문에 무

도회장이라는 글씨가 빛을 받으며 반짝거렸다. 카페 '수상한 인문학 교실'은 온데간데없었다.

"어? 응……. 화장실 가느라고."

"너 또 배 아파? 삼촌 때문에 스트레스 받았구나. 미안해. 오늘은 역사 교실 가지 마."

장미는 이래서 삼촌을 미워하지 못한다. 서툴기는 하지만 장미를 이해하려고 애쓴다.

"근데 여기 참 재미있는 곳이다."

삼촌이 무도회장 창문을 계속 쳐다보며 말했다.

"뭐가 재밌어?"

"무도회장에 프랑스 국기라니 재밌잖아. 혹시 프랑스 궁전의 가면 무도회장처럼 꾸며 놓았나?"

"아! 이게 프랑스 국기구나."

장미는 빙그레 웃었다. 교실지기의 또 다른 선물 같았다.

"삼촌, 프랑스 혁명에 대해서 잘 알아?"

"와, 장미 조카! 서당 개는 삼 년 만에 천자문을 읊는다는데 내 조카는 역사 교실 삼 개월 만에 프랑스 혁명을 아네."

"장난하지 말고. 그건 좋은 사건이었어?"

"장미야, 역사적인 일을 '좋다, 나쁘다' 딱 두 가지로 말하기는 어려워. 똑같은 사건을 두고도 사람들의 평가는 다양하거든. 그러니까 어떤 사건이냐고 묻는 게 좋겠다."

"어유, 알았어. 다시 물을게. 프랑스 혁명은 어떤 사건이었어?"

"그 어렵고 복잡한 걸 어떻게 말해야 쉬울까? '모순 덩어리의 낡은 지배 체제를 무너뜨린 사건!' 이렇게 말하면 이해할 수 있겠어? 시민들이 왕과 귀족의 부당한 지배에 맞서 싸우면서 권리 선언도 하고 헌법도 만들었거든."

"그럼 바스티유 함락은 혁명이랑 무슨 관계야?"

"오. 바스티유 함락도 아는구나. 그건 프랑스 혁명의 시작이었어. 바스티유 감옥을 무너뜨린 시민들의 힘이 끝내는 프랑스 귀족의 권력과 왕권까지 무너뜨렸지. 역사적으로 많은 혁명이 있었지만 프랑스 혁명처럼 시민들이 중심이 된 건 많지 않아."

왕권이 무너졌다는 말에 장미의 가슴이 싸했다. 왕비도 무너졌을까. 장미는 차차 알아보기로 했다. 삼촌 방에 있는 역사책을 살펴보면 알 수 있을 테니까. 장미는 지나간 일을 줄줄이 꿰고 있는 삼촌이 어쩐지 근사해 보였다.

"삼촌은 역사가 재미있어?"

"그럼. 재미있으니까 공부하지."

"난 재미 하나도 없는데 나한텐 왜 역사 공부를 시켜?"

"장미야, 그건……. 음, 역사가 없는 나라는 없잖아. 마찬가지로 너도 너만의 역사가 있다는 것을 알면 좋겠어. 누가 너더러 엄마, 아빠 없는 아이라고 놀려도 넌 부모님의 역사를 갖고 있는 중요한 사람이야. 잊지 마."

"어휴, 답답한 삼촌. 말로 하면 될걸 뭐 하러 힘든 공부까지 시키면서 잊지 말래? 그리고 요즘 엄마, 아빠 없다고 놀리는 애들이 어디 있어? 더 잘해 주지."

"정말? 와, 멋진 꼬마들이 많네. 아! 그럼 방금 한 말은 다 농담이고……. 너랑 나랑 얘기가 통하니까 재밌잖아. 프랑스 혁명 이야기도 할 수 있고. 장미 조카, 내일부터 삼촌이랑 세계사 공부할래?"

"아, 싫어!"

"장미 조카, 그러지 말고 공부하자. 너랑 시간을 많이 보내야 아버지, 그러니까 너의 할아버지께서 삼촌한테 용돈을 많이 주신단 말

이야. 공부하자. 응? 과자 한 봉지씩 줄게."

"지금은 됐고!"

나중에는 공부하고 싶은 마음이 생길 것도 같았다. 장미는 삼촌의 등을 밀며 걸었다. 한여름인데 어디선가 장미 냄새가 나는 것 같았다. 그 길에 꽃은 없었다. 장미와 삼촌, 둘밖에는.

교실지기의 특별 수업

- 세계사 속의 역사
- 책 속 인물, 책 속 사건
- 생각이 자라는 인문학

# 세계사 속의 역사

역사란 무엇인가요?

'역사' 하면 우리는 과거를 떠올려요. 과거에 실제로 일어났던 일을 역사라고 하지요.

이제 선사 시대라는 말을 한번 살펴봐요. 선사 시대는 '역사 시대'의 반대편에 선 말이에요. 선사 시대를 곧이곧대로 풀이하면 역사 이전의 시대라고 할 수 있지요.(물론 사전에는 다른 뜻풀이가 나오지만요.) 그렇다면 선사 시대에 일어났던 일은 역사가 아니라는 뜻일까요?

이제야말로 사전이 필요해요. 먼저 '역사 시대'를 사전에서 찾아보면 '문자로 쓴 기록이 있는 시대'라는 풀이가 나올 거예요. 선사 시대는 그 반대편에 있다고 했으니까 문자로 쓴 기록이 없는 시대를 뜻하겠지요? 여기서 알 수 있는 사실은 역사는 문자로 기록한 것을 가리키는 말이기도 하다는 거예요. 이제 '역사' 하면 두 가지를 떠올려 주세요.

역사는 과거에 실제로 일어났던 모든 일.

역사는 과거에 실제로 일어났던 일을 문자로 기록한 것.

역사의 기준점이 된 예수 탄생

역사책을 읽다 보면 기원전이라는 말이 자주 나와요. 기원전은 언제를 가리킬까요?

우리는 한 해를 숫자로 나타내요. 이 책이 나온 해는 2017년, 다음 해는 2018년처럼 말이에요. 기원은 연도를 헤아릴 때 기준으로 삼는 해, 즉 1년을 가리켜요. 기원전은 기원인 1년보다 앞선 해이죠. 1년보다 100년 앞선 해는 기원전 100년, 1년보다 500년 앞선 해는 기원전 500년인 셈이에요. 기원전은 영어로 BC라고 표시하는데 'Before(앞) Christ(예수)'의 줄임말이에요. 예수가 태어나기 전이라는 뜻이지요. 그렇다면 기원으로 삼은 1년은 바로 예수가 태어난 해를 가리키지요. 그러나 실제로 예수가 태어난 해는 1년이 아니라, 그보다 먼저인 기원전이라는 말도 있습니다.

*역사책에서 자주 보는 말 가운데 18세기, 19세기 할 때 쓰는 '세기'도 있어요. 세기는 백 년 동안을 뜻해요. 1년부터 100년까지는 1세기, 101년부터 200년까지는 2세기라고 하지요. 그럼 이 책이 나온 2017년은 몇 세기일까요? 2001년부터 2100년 사이에 해당하니까 21세기예요. 우리는 지금 21세기를 살고 있어요.

역사의 아버지 헤로도토스

기원전 400년대에 그리스에 헤로도토스라는 사람이 있었어요. 헤로도토스는 인류 역사상 가장 먼저 역사책을 써서 '역사의 아버지'로 불리지요. 헤로도토스가 쓴 책의 이름이 《역사》예요. 역사라는 말도 이때 처음 등장했어요.

헤로도토스가 어릴 때 페르시아와 그리스 사이에 전쟁이 벌어졌어요. 페르시아는 지금의 이란 지역을 중심으로 넓은 땅을 갖고 있던 힘센 제국이었고, 그리스는 여러 개의 작은 도시 국가가 모인 나라였어요. 아테네와 스파르타를 비롯한 그리스의 도시 국가들은 동맹을 맺고 거인과도 같은 페르시아를 무찔렀지요.

헤로도토스는 페르시아 전쟁에 관심이 있었어요. 헤로도토스는 그리스 곳곳과 이집트, 페니키아 등을 여행하며 사람들에게 전쟁에 대해서 들을 수 있었어요. 각 곳의 지리와 풍습도 자세히 살폈죠. 여행 중에 보고 들은 페

헤로도토스 흉상

르시아 전쟁에 대한 사실에 자기의 생각과 주장을 보태고, 여러 나라의 지리와 풍습을 담아 재미있게 쓴 책이 바로 《역사》예요. 《역사》에는 전설같이 부풀려진 이야기도 담겨 있기 때문에, 책 내용을 다 믿기 어렵다는 비판을 받았어요. 그러나 고대의 종교, 풍습, 지리 등 다양한 문화를 담고 있다는 점에서는 높은 평가를 받고 있지요.

《역사》 부분

헤로도토스는 《역사》를 쓴 이유를 이렇게 설명했어요. '그리스와 페르시아 사이에 벌어진 전쟁의 원인을 알고 전쟁에 맞서 싸운 그리스와 여러 민족의 업적을 길이 남기기 위해서'라고요.

헤로도토스의 말은 역사를 알아야 하는 이유하고도 비슷해요. 역사는 우리보다 앞서 살았던 사람들이 직접 알아낸 지혜이며 지식이에요. 그것을 길이 남기면 후손들은 좋은 일, 잘한 일은 배울 수 있고, 잘못한 일이나 실수는 되풀이하지 않을 수 있겠지요.

사람을 중심으로 쓴 역사책

그리스의 대표 역사가가 헤로도토스라면 중국의 대표 역사가는 사마천이에요. 기원전 2세기~1세기에 중국 한나라에 살았던 사마천은 《사기》라는 역사책을 썼어요. 중국을 세웠다는 전설의 황제 시대부터 사마천이 살았던 한나라까지의 중국 역사와 주변 나라들의 역사를 담은 책이에요. 임금들의 이야기를 담은 본기, 제후들의 이야기를 담은 세가, 백성의 이야기를 담은 열전, 문화를 기록한 서, 연대표인 표 등으로 나누어 묶은 《사기》는 모두 130권에 이를 정도로 방대한 책이지요.

《사기》는 당시 새로운 방법으로 쓴 역사책으로도 알려졌어요. 이전의 역사책은 일어난 일들을 시간 순서대로 썼지만 《사기》는 사람이나 사건을 중심으로 썼답니다.

사마천

신화에서 역사가 된 트로이

독일에 사는 소년 하인리히 슐리만은 1829년 크리스마스에 세계사 책을 선물로 받았어요. 책에서 트로이 전쟁 이야기를 읽고 깊은 인상

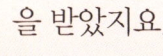
하인리히 슐리만

을 받았지요.

트로이는 기원전 13세기, 지금의 터키 지역에 있던 작은 나라였어요. 그리스 연합군과 트로이는 10년 동안 전쟁을 벌였어요. 바다의 신 포세이돈이 쌓았다는 트로이 성은 누구도 침범할 수 없는 요새였다고 해요. 그러나 그리스의 영웅 오디세우스가 꾀를 내 만든 목마 때문에 결국 트로이는 멸망하고 말았지요.

호메로스의 서사시 〈일리아드〉와 〈오디세이〉에 나오는 이 트로이 전쟁 이야기 때문이었을까요? 사람들은 트로이를 전설 속의 나라로만 여겼어요. 그러나 슐리만은 역사적 사실로 굳게 믿고, 어딘가에 트로이 성의 흔적이 묻혀 있을 것이라고 생각했어요. 언젠가는 트로이를 발굴하리라 마음먹은 슐리만은 여러 외국어를 배우고 돈을 많이 벌었어요. 그리고 마침내 1871년부터 트로이라고 짐작되는 터키의 히사를리크 언덕을 발굴하기 시작했지요. 사람들은 슐리만이 전설을 믿고 발굴에 나선다며 비웃었어요. 그러나 슐리만은 언덕에 켜켜이 쌓인 여러

층에서 다양한 유물과 유적을 발견했고 그 가운데 한 층이 트로이 유적이라고 믿었어요.

사실 슐리만이 트로이라고 믿었던 층은 트로이가 아니었어요. 진짜 트로이는 다른 층에 있었지요. 때문에 슐리만은 트로이의 실제 모습은 못 보고 눈을 감았어요. 그러나 다른 사람이 트로이를 발굴하는 데 큰 기여를 했지요.

슐리만에 대해서는 여러 비판도 있어요. 트로이를 찾을 욕심에 다른 유적지를 파괴했고, 유적지에서 나온 보물을 빼돌리기도 했거든요. 그래서 파괴자, 도둑이라는 비난이 따라붙어요. 그러나 슐리만이 아니었다면 트로이는 계속해서 신화나 전설로만 남았을 거예요. 슐리만이 그 흔적을 찾아냄으로써 신화 속의 왕국은 비로소 역사가 되었지요.

트로이 성벽

영웅은 혼자 만들어질까?

고대 로마 제국은 강력한 국가였어요. 그 제국의 첫 번째 황제가 아우구스투스예요. 원래 이름은 옥타비아누스인데, 황제가 된 뒤에 '존엄한 사람'이라는 뜻의 아우구스투스로 불렸어요. 아우구스투스는 로마의 질서를 바로잡고 땅을 넓혔어요. 문화를 발달시키고 경제를 안정시키며 로마의 전성기를 만들었지요. 이 때문에 죽은 뒤에도 신처럼 떠받들어졌어요. '위대한 영웅'이라는 소리가 절로 나올 만한 사람이지요.

그런데 한 가지 생각해 볼 게 있어요. 아우구스투스는 혼자서 로마를 이끌었던 것일까요? 중요한 일을 혼자 결정

아우구스투스상

하고 전쟁을 혼자 지휘하고 혼자만의 힘으로 영웅이 되었을까요? 당연히 아닙니다. 아우구스투스 곁에는 아그리파와 같은 조력자가 있었어요. 아그리파는 로마의 상하수도를 만들고 공중목욕탕을 세우고 대리석으로 큰 건물을 지었어요. 지략도 뛰어나서 전쟁 때마다 큰 활약을 펼쳤지요. 아그리파는 평생을 아우구스투스의 뛰어난 부하이자 친구로 살았어요.

역사는 일인자나 승리자만을 영웅으로 기록해요. 그 말은 훌륭한 일을 하고도 일인자가 아니거나 전쟁에서 졌기 때문에 역사에 기록되지 못한 사람이 많다는 뜻이에요. 마찬가지로 영웅은 역사에 홀로 나오지만 결코 혼자 만들어지지는 않았어요. 아우구스투스에게 아그리파가 있었듯이 역사적 영웅들에게는 훌륭한 조력자가 많았어요. 전쟁에 나가 목숨을 걸고 싸웠던 사람들, 위대한 건축물을 짓느라 힘들게 일했던 사람은 수도 없이 많아요. 비록 역사책에 이름을 남기지는 못했지만 현장에서 역사를 만든 사람들, 이들이야말로 역사의 주인공이 아닐까요?

아그리파상

부끄러운 역사를 대하는 자세

독일의 남부 도시 뮌헨에서 멀지 않은 곳에 다하우 강제 수용소가 있어요. 이곳 벽에는 '1933-1945'라는 글자가 또렷해요. 1933년부터 1945년까지, 이곳은 지옥만큼이나 무서운 곳이었어요. 히틀러가 이끄는 나치가 자신들에게 반대하는 정치인, 유대인, 종교인 등을 잡아 가두고 끔찍한 고문과 학살을 저질렀던 곳이기 때문이에요. 나치가 가장 먼저 만든 강제 수용소이지요.

다하우 강제 수용소

113

다하우 강제 수용소는 독일인에게는 부끄러운 장소가 아닐 수 없어요. 독일인이 저지른 학살의 현장으로, 독일인의 잘못을 낱낱이 보여 주는 장소이니까요. 그러나 독일은 이곳을 없애지 않고 작은 박물관으로 만들어 과거의 잘못을 기억하고 있어요. 끔찍한 수용소 생활을 담은 자료를 전시하고 유대인을 학살했던 가스실, 화장터도 그대로 두었어요. 2013년에는 독일 총리 메르켈이 총리로서는 처음으로 이곳을 방문해 역사적인 잘못을 고백하고 반성했지요.

역사는 사람들이 만들어 가는 것이에요. 사람은 완벽하지 못하기 때문에 실수나 잘못을 저지를 때도 많아요. 그런 잘못, 부끄러움, 실수는 모두 숨기고, 지우고, 잊어야 하는 것일까요?

"자랑스러운 역사도 많은데 불편한 역사를 뭐 하러 자꾸 떠올려?"

이렇게 말하는 사람도 많아요. 그러나 잘못에 대한 반성이나 기억이 없다면 훗날 똑같은 실수를 되풀이하지는 않을까요?

책 속 인물, 책 속 사건
- 마리 앙투아네트와 프랑스 혁명

마리 앙투아네트의 진실은?

베르사유 궁전에서 사치와 낭비를 일삼은 왕비. 사람들이 "우리에게 빵을 달라."라고 외치자 "빵이 없으면 케이크를 먹으면 되지."라고 말했다는 왕비. 마리 앙투아네트 하면 누구나 떠올리는 장면이에요.

먼저 사실 확인 하나. 마리 앙투아네트는 "빵이 없으면 케이크를 먹으면 되지."라는 말을 실제로 했을까요? 아닙니다. 마리 앙투아네트는 국민들이 얼마나 힘들게 사는지 잘 몰랐지만 그런 말을 한 적은 없다고 해요. 프랑스 국민들이 왕비를 너무 미워했기 때문에 널리

마리 앙투아네트

퍼진 헛소문 같아요.

　마리 앙투아네트는 프랑스의 적국인 오스트리아의 공주였어요. 오스트리아 황제인 어머니 마리아 테레지아가 두 나라의 평화를 위해 공주와 프랑스의 루이 16세를 정략결혼시켰지요. 마리 앙투아네트가 프랑스에 처음 왔을 때는 모두가 관심을 보였어요. 마리 앙투아네트의 차림은 곧 유행이 될 정도였지요. 그러나 머지않아 귀족의 질시와 국민의 미움을 받는 처지가 되었어요.

　왕비가 국민에게 큰 미움을 받은 이유 중 하나로 다이아몬드 목걸이 사건을 들 수 있어요. 누군가 왕비인 척하며 값비싼 다이아몬드 목걸이를 주문하고는 돈도 내지 않고 물건만 챙겨 영국으로 달아난 사기 사건이었어요. 목걸이를 만든 사람이나 왕비나 모두 피해자였지만 앞뒤 사정을 모르는 사람들은 왕비에 대한 분노를 거두지 않았어요. 왕실의 금고는 텅텅 비어 가고 국민들은 배를 곯는데도 왕비는 사치만 부린다는 이유였지요.

　왕비가 화려한 생활을 했던 것은 사실이에요. 드레스와 구두를 사고 머리를 호화롭게 장식했으며 밤새도록 파티를 벌이기도 했어요. 궁전 안에 작은 별궁을 짓고 농촌 마을처럼 꾸몄는데 이것도 돈이 많이 드는 일이었어요. 그러나 왕실 재정이 나빠진 것이 마리 앙투아네트만의 잘못은 아니었어요. 베르사유 궁전을 호화롭게 짓고, 전쟁을 벌였던 이전 왕들의 잘못이 컸어요. 마리 앙투아네트는 이전의 왕족들보다 검소했다는 캉팡의 증언도 남아 있지요.

처형장으로 끌려가는 마리 앙투아네트

그러나 마리 앙투아네트는 거대한 역사의 물결을 피할 수 없었어요. 바스티유가 함락되던 해 10월, 굶주리던 여자들이 베르사유로 몰려와 빵을 책임지라고 요구하며 왕과 왕비를 파리의 궁전으로 데려갔어요. 사실상 국민의 감시를 받으며 생활하게 된 것이지요. 그로부터 두 해 뒤, 왕의 가족은 프랑스를 탈출하려다 발각되어 감옥에 갇혔어요. 프랑스 혁명 시기에 혁명에 반대하는 이 같은 행동은 목숨을 걸어야 하는 큰 죄였어요. 왕과 왕비는 여러 가지 죄명으로 재판에 넘겨졌고 끝내 사형당하고 말았답니다.

프랑스 혁명은 어떤 사건?

"구체제로부터 어둠과 독재를 몰아내는 저 빛."

누군가 프랑스 혁명을 두고 이런 말을 했어요. '어둠'과 '빛'이라는 말에서 큰 변화가 느껴지지 않나요? 혁명은 사회나 정치의 급격한 변화를 말해요. 프랑스 혁명은 구체제라고 부르는 것을 모두 무너뜨리며 사회의 모습을 크게 바꾼 사건이에요. 귀족들이 많은 땅을 갖고 사람을 부리며 떵떵거리던 봉건 제도를 없앴고, 왕권도 무너뜨렸지요.

프랑스 혁명은 1789년 파리 시민들이 바스티유 감옥을 함락한 데서 시작해요. 그 뒤, 평민 대표들이 만든 국민 의회는 인간의 자유와 평등의 원리를 분명히 한 인권 선언을 채택하고 새로운 헌법을 만들었어요. 이어 왕권을 무너뜨리고 공화정 정부를 세웠지요. 글만 놓고 보면 간단한 일처럼 보이지만 프랑스 혁명은 일사천리로 진행되지 않았어요. 혁명이 자기네 나라로 번질 것을 두려워한 유럽의 여러 나라와 전쟁을 벌여야 했고, 혁명에 반대하는 사람을 잔인하게 처형하는 공포 정치의 시기도 있었어요. 여러 정치 세력들이 엎치락뒤치락 경쟁하며 혼란을 키우기도 했지요. 바스티유 함락이 일어나고 10년 뒤, 외국과

바스티유 감옥 함락

의 전쟁에서 승승장구하며 인기를 얻은 나폴레옹이 파리에 등장해요. 나폴레옹은 쿠데타를 일으켜 정권을 손에 넣었지요. 프랑스 혁명이라고 하면 대체로 여기까지를 가리킵니다. 그 뒤로도 수십 년 동안 프랑스는 정치적 혼란을 계속 겪어야 했어요.

프랑스 혁명의 가장 큰 특징은 혁명의 주인공이 시민이었다는 점이에요. 시민들이 스스로 나서서 주권이 국민에게 있는 나라인 공화국을 세우고 헌법을 만들고 왕과 귀족의 특권을 끌어내렸어요. 정치적인 힘이 왕족과 귀족에서 시민으로 옮겨졌지요. 근대 민주주의의 출발점이 된 사건이라고 할 수 있답니다.

황제 시절의 나폴레옹

프랑스 혁명이 일어난 원인은?

불평등한 신분 사회

프랑스 혁명이 왜 일어났는지 알려면 프랑스 사회를 먼저 알아야 해요. 당시 프랑스는 신분제 사회였어요. 소수의 성직자와 귀족, 다수의 평민으로 나뉘어 있었지요. 성직자와 귀족은 온갖 특혜를 받았어요. 땅과 재산을 가졌고 평민으로부터 세금을 걷었어요. 세금을 내야 하는 평민들의 삶은 어려웠어요. 사람의 머릿수대로 내는 인두세와 소금세가 특히 무거웠어요. 귀족은 농민들을 마음대로 부리고 재판도 할 수 있었지요. 평민은 국가나 귀족이 부르면 언제든 달려가 개미처럼 일해야 했답니다.

달라진 사회 분위기

18세기 말이 되면서 사람들은 이런 불평등이 잘못이라는 것을 깨닫기 시작했어요. 돈을 많이 번 사람들, 교육을 받은 지식인들이 적극적으로 자기주장을 펼쳤어요. 이들의 주장은 인쇄술이 발달하면서 작은 책자로 만들어져 널리 퍼졌어요.

'인간은 왜 평등하지 않은 거지?'

'왕위는 신이 내린 자리가 아니야. 필요하니까 사람들이 만든 자리일 뿐이야.'

'제3 신분은 정치적으로 아무것도 아니었지만 이제부터는 무엇인가 되려고 한다.'

시민 대표들이 헌법이 제정될 때까지 해산하지 않을 것을 서약한 '테니스 코트의 서약'

사람들은 이런 주제를 놓고 토론을 벌였어요. 부자들은 살롱에 모여 토론을 벌였고 평범한 사람들은 카페에 모였어요. 왕이나 귀족에게 고개를 숙이던 사람들이 점차 맞서는 세력으로 성장한 것이에요.

불안한 국가 재정

프랑스 혁명이 일어날 즈음 왕실은 돈이 부족했어요. 들어오는 돈보다 더 많은 돈을 썼기 때문에 적자 상태였어요. 사실 적자는 루이 16세 이전부터 시작되었어요. 왕의 할아버지인 루이 15세가 영국과 7년 전쟁을 치르느라 돈을 많이 썼어요. 루이 16세도 미국과 영국이 독립 전쟁을 벌일 때 미국을 지원했지요. 호화로운 베르사유 궁전을 유지하고 군대를 유지하는 데에도 많은 돈이 들었어요.

왕은 세금을 더 걷고 싶었지만 성직자와 귀족들은 그동안 내지 않던 세금을 내라고 하니 크게 반발했고, 국민들은 세금을 더 낼 여유가 없었어요. 특히 1788년과 1789년 사이에 추위와 가뭄이 닥치면서 농사를 망쳤어요. 곡식값이 하늘 높은 줄 모르고 오르자 사람들은 쓸 돈이 부족했어요. 그동안 쉽게 사던 물건을 못 사게 되니 여

루이 16세

러 산업이 멈추었고 노동자들은 일자리를 잃었어요. 힘든 일이 꼬리를 물고 일어나는데 세금을 더 걷겠다니, 프랑스 사람들은 언제라도 폭발할 수 있는 상태에 놓여 있던 것이지요. 결국 프랑스 시민들이 들고일어났고, 프랑스 혁명이 일어나게 된 것이랍니다.

프랑스 혁명 때 만들어진 국기와 국가

프랑스의 국기는 파랑, 하양, 빨강이 들어간 삼색기예요. 자유, 평등, 박애를 상징하지요. 이 국기는 프랑스 혁명 때 만들어졌어요. 바스티유 함락 사건이 일어날 즈음, 시민들은 서로의 뜻이 같다는 것을 확인할 표시가 필요했어요. 파리의 색깔인 빨강과 파랑을 이용해 동그란 표시를 만들어서 옷이나 모자에 붙였어요. 며칠 뒤 프랑스 왕가의 색깔인 하양이 더 들어갔어요. 삼색 표시는 깃발로 만들어졌고 나중에는 프랑스 국기가 되었어요.

프랑스 국기

프랑스 국가인 '라 마르세예즈'는 혁명 전쟁 때 만들어진 군가였어요. 프랑스 혁명이 일어나자 왕비의 나라인 오스트리아는 무력을 써서 혁명을 막자며 유럽 국가들을 부추겼어요. 프랑스는 오스트리아에 선전 포고를 하고 전쟁을 벌였지요. 전쟁이 시작되고 며칠 뒤, 한 프랑스군 장교가 힘찬 멜로디의 군가를 만들어요. 이 노래는 곧 프랑스 전체로 퍼졌고 1879년에는 국가가 되었어요. 군가였기 때문에 '적의 피로 논밭의 고랑을 적시자!'는 등의 무시무시한 가사가 그대로 들어 있어요.

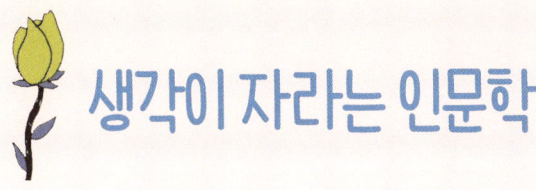 # 생각이 자라는 인문학

1. 마리 앙투아네트 왕비는 장미에게 이런 말을 했어요.
   "국왕 폐하의 한 마디, 한 마디가 모두 법인데
   그깟 헌법 따위가 무슨 소용이야?"
   여러분이 장미라면 이 말에 어떻게 대답하겠어요?

   _____

   _____

   _____

2. 장미와 삼촌은 이런 생각을 갖고 있었어요.
   - 장미: 역사의 주인공은 왕이나 장군 같은 사람이야.
   - 삼촌: 역사의 주인공은 묵묵히 자기 일을 한 시민들이야.

   여러분의 생각은 누구와 더 가까운가요? 그 이유는 무엇인가요?

   _____

   _____

   _____

3. 이 책에는 바스티유 함락에 참가했거나 그 시대를 살았던 사람들이
   나옵니다. 설명 글이 가리키는 사람을 찾아보세요.

나는 혁명기에 여자들에게도 권리가
주어져야 한다고 주장했어. 어머니와 ● ● 클로드 숄라
초콜릿을 만들던 내 이름을 떠올려 줘.

나는 바스티유 감옥 근처의
포도주 가게를 돌면서 깨진 포도주병을 ● ● 앙리에트 캉팡
얻어 왔어. 내 이름은 뭘까?

나는 왕비의 방에서 일했단다. 나중에
회고록을 써서 왕비에 대한 기록을 ● ● 마르그리트 피냉그르
남겼어. 내 이름을 기억해 주겠니?

바스티유 함락 때 대포를 맡았지.
내가 그린 그림이 역사로 남았다니 ● ● 폴린 레옹
영광이야. 내 이름을 모르지는 않겠지?

4. 역사를 만들어 가기 위해 우리는 어떤 일을 할 수 있을까요?
마음가짐이나 할 일 등을 아래의 보기를 참고해서 자유롭게 써 보아요.

- 지금부터 6학년이 될 때까지 우리 반 친구들이 했던 놀이를 기록해 보고 싶어. 나중에 보면 놀이의 역사가 될 거야.

- 우리 주변의 불평등을 없애는 일에 적극적으로 나설 거야. 역사의 발전에 힘을 보태는 일일 테니까.

- 할아버지가 알고 계신 옛날이야기도 역사가 되지 않을까? 할아버지한테 들은 이야기를 적어 놓아야지.